AF493608

ÉTUDE HISTORIQUE

SUR

LE DEFENSOR CIVITATIS

PAR

ÉMILE CHÉNON

PROFESSEUR AGRÉGÉ A LA FACULTÉ DE DROIT DE RENNES

ANCIEN ÉLÈVE DE L'ÉCOLE POLYTECHNIQUE

PARIS

L. LAROSE ET FORCEL

Libraires-Éditeurs

22, RUE SOUFFLOT, 22

1889

ÉTUDE HISTORIQUE

SUR

LE DEFENSOR CIVITATIS

IMPRIMERIE
CONTANT-LAGUERRE

BAR-LE-DUC

ÉTUDE HISTORIQUE

SUR

LE DEFENSOR CIVITATIS

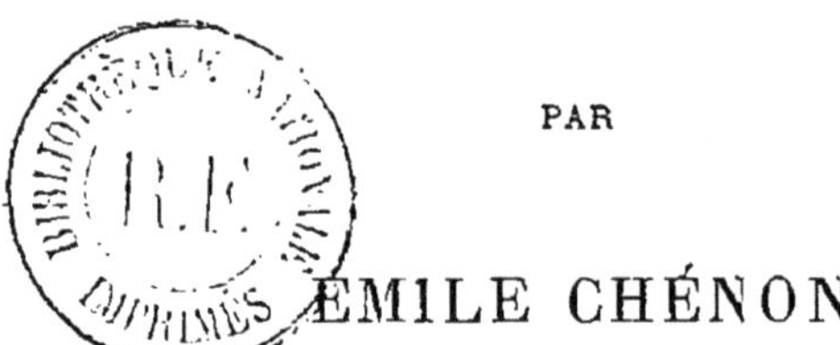

PAR

ÉMILE CHÉNON

PROFESSEUR AGRÉGÉ A LA FACULTÉ DE DROIT DE RENNES

ANCIEN ÉLÈVE DE L'ÉCOLE POLYTECHNIQUE

PARIS

L. LAROSE ET FORCEL

Libraires-Éditeurs

22, rue Soufflot, 22

1889

Extrait de la *Nouvelle Revue historique de droit français et étranger.*
Mai-Juin et Juillet-Août 1889.

PRÉFACE.

La somme de renseignements que l'on possédait sur le *defensor civitatis*, s'est sensiblement accrue depuis la découverte, faite par Baudi di Vesme, en 1836, d'un certain nombre de fragments perdus du Code Théodosien. Cette découverte, importante surtout pour l'étude des origines du *defensor civitatis*, a enlevé une partie de leur valeur aux travaux antérieurs sur ce sujet, tels que ceux de Jacques Godefroy (1), de Schmidt (2), et de Roth (3). Quant aux auteurs qui ont écrit postérieurement à 1836, quelques-uns n'ont pas utilisé non plus les constitutions retrouvées par le savant italien (4). Beaucoup d'autres ont commis la faute de se servir des différents documents sans tenir compte de leur date; ce qui les a empêchés d'apercevoir les phases diverses par lesquelles a passé l'institution des défenseurs des cités. Enfin certains, même parmi les plus récents, donnent place à des théories, qui sont erronées, à notre avis, mais qui ont presque acquis droit de cité dans la science, et auxquelles il importe d'autant plus par conséquent de demander leurs titres.

Pour tous ces motifs, il nous a semblé utile de procéder à une révision générale du sujet, basée principalement sur l'exa-

(1) J. Godefroy, *Paratitla,* dans son *Codex Theod.*, I, 11, et *passim.*

(2) Schmidt, *De civit. defens.*, Leipzig, 1759, in-4°.

(3) Roth, *De re municipali Romanorum*, 1801, p. 100 et suiv.

(4) Par exemple : Abel Desjardins, *De civit. defensoribus* (thèse pour le doct. ès-lettres), Angers, 1845; et v° *Defensor*, dans le *Dictionnaire* de Daremberg et Saglio.

men minutieux et la classification méthodique, par ordre chronologique et par ordre géographique, des différents textes connus. En agissant ainsi, nous avons été amené à distinguer dans l'histoire du *defensor civitatis* plusieurs périodes, de longueur variable, que nous nous efforcerons de mettre en relief. Nous avons été amené aussi à reconnaître le caractère purement conjectural de certains systèmes, dont nous nous proposons de montrer le mal fondé.

La présente étude comprend quatre chapitres. — Dans les trois premiers, nous étudierons le *defensor civitatis* considéré *en lui-même* (c'est-à-dire au point de vue de son recrutement et de ses attributions), d'abord dans l'Empire entier avant la chute de l'Empire d'Occident (*Chap. I*), puis dans l'Empire d'Orient (*Chap. II*), et enfin dans les royaumes germaniques issus du démembrement de l'Empire d'Occident (*Chap. III*). — Dans le dernier chapitre, nous verrons quelle place le *defensor civitatis* tenait dans la cité, en étudiant ses rapports avec les autorités locales qu'il pouvait y rencontrer, c'est-à-dire avec les magistrats municipaux et l'évêque (*Chap. IV*).

Rennes, 10 février 1889.

CHAPITRE I.

Le defensor civitatis avant la chute de l'Empire d'Occident.

§ I. *Le* defensor civitatis *de l'an 364 à l'an 387.*

1. *Origine du defensor civitatis.* — Le *defensor civitatis* était, au Bas-Empire, un personnage élu chargé spécialement de défendre contre toute oppression les habitants de sa cité, et en particulier les *plebeii.* Ainsi défini, le *defensor civitatis* apparaît pour la première fois en Illyrie au milieu du IVe siècle. — On trouve, il est vrai, au *Digeste* de Justinien plusieurs textes, notamment de Paul et d'Hermogénien, qui mentionnent parmi les charges municipales la *defensio reipublicæ* ou *defensio civitatis* (1); et M. Raynouard, en présence de ces textes, a pensé que la magistrature qui nous occupe était antérieure à l'époque que nous venons d'indiquer (2). M. Accarias objecte avec raison que la mention faite au Digeste « ne prouve pas que la *defensio civitatis* eût, dès l'époque des jurisconsultes, le même caractère et la même importance que dans le Bas-Empire » (3). Bien plus, il est facile de démon-

(1) Paul, au *Dig.*, L. 4, loi 16 : « *Defensionem reipublicæ* amplius, quam semel, suscipere nemo cogitur, nisi id fieri necessitas postulet » ; — Hermogénien, *ibid.*, loi 1, § 2 : « Personalia civilia sunt munera : *defensio civitatis,* id est, ut syndicus fiat, etc... »

(2) Raynouard, *Hist. du droit municipal en France*, Paris, Sautelet, 1829, in-8°, tome I, p. 71 : « Quoique les lois romaines relatives à cette magistrature municipale ne datent que du milieu du IVe siècle, il est permis de croire qu'elle était beaucoup plus ancienne. » — *Adde* Ginoulhiac, *Cours élém. d'hist. génér. du droit français*, Paris, Rousseau, 1884, in-8°, p. 76-77.

(3) Accarias, *Précis de droit romain*, Paris, Cotillon, 3e éd., t. II (1882), p. 827, note 1.

trer que le *defensor civitatis* du Digeste n'a rien de commun avec le *defensor civitatis* du Code Théodosien (1).

C'est ce qui résulte, à notre avis, d'un *passage* d'Arcadius Charisius, tiré de son ouvrage sur les charges civiques (*munera civilia*). D'après Arcadius, ces charges se divisaient en trois catégories : personnelles, patrimoniales, et mixtes; et parmi les charges personnelles, Arcadius énumère, avec beaucoup d'autres, la charge de *defensor*. « Les *defensores*, dit-il, que les Grecs appellent *syndics*, et qui sont élus pour agir ou pour défendre dans un procès déterminé, assument eux aussi une charge personnelle » (2). Hermogénien, comme pour ne laisser aucun doute sur l'interprétation du texte d'Arcadius, dit de son côté : « Les charges civiques personnelles sont, d'abord la *defensio civitatis*, c'est-à-dire celle qui incombe à celui qui devient *syndicus*, etc. » (3). Il résulte de là que les *defensores* du Digeste ne sont pas autre chose que ces σύνδικοι, auxquels les municipes confient en cas de besoin l'exercice de leurs actions (4). Ils n'ont donc rien de commun avec ces *defensores civitatis* ou ἔκδικοι du Bas-Empire, que les

(1) En ce sens, cfr. Édouard Philipps, *Zur Geschichte des Patronats über juristische Personen*, dans le *Rhein. Mus.*, N. F. VIII, p. 504 et suiv. — *Adde* Lécrivain, *Le sénat romain après Dioclétien*, Paris, Thorin, 1888, in-8°, p. 103-104.

(2) Arcad. Charisius, au *Dig.*, *ibid.*, loi 18, § 13 : « *Defensores* quoque, quos Græci *syndicos* appellant, et qui ad certam causam agendam vel defendendam eliguntur, laborem personalis muneris adgrediuntur. »

(3) Hermog., *loc. cit.* — Sur le *syndicus*, cfr. Serrigny, *Droit public et adm. romain*, Paris, Durand, 1862, in-8°, t. I, n° 284; — et Houdoy, *De la condit. et de l'adm. des villes chez les Romains* (thèse pour le doct.), Paris, 1875, gr. in-8°, p. 462-465.

(4) C'est à des *defensores* de ce genre que se réfère, suivant nous, une constitution de Constantin de 319 (Cod. Just., VI, 1, loi 5), où il est question d'un *defensor* chargé de rechercher et de ramener les esclaves fugitifs *qui appartiennent à la cité* (*Contrà* : Raynouard, *op. cit.*, p. 76). — Nous dirons la même chose des *defensores utriusque civitatis* de Lamia et d'Hypatæa, et du *curator et defensor* d'Amphissa, des inscriptions n°s 586 et 568 du *Corp. Insc. Latin.*, t. III (en ce sens : Mommsen). — Même observation pour les *defensores reipublicæ* des inscriptions n°s 3908, 3909, et 5167 du recueil Orelli-Henzen. Au contraire, les inscriptions n°s 3910 et 7087 du même recueil se rapportent certainement à des *defensores civitatis* du Bas-Empire. Pour l'inscription n° 5171, il y a doute.

empereurs appellent parfois *patroni plebis* (1), et que Cujas avait coutume de comparer, un peu ambitieusement, aux *tribuni plebis* de Rome (2).

Il serait plus juste peut-être de comparer ces *defensores* ou *patroni plebis* du Bas-Empire avec les *patroni* que les cités avaient l'habitude, depuis fort longtemps, de se choisir comme protecteurs, ordinairement parmi les sénateurs ou les chevaliers romains qu'elles croyaient posséder une certaine influence (3). Il y a en effet entre ces deux catégories de personnages une certaine analogie de fonctions; mais on ne doit pas oublier que l'ancien patronat des cités, qui était généralement conféré à un grand nombre de personnes à la fois, parmi lesquelles on pouvait même trouver des femmes, n'était après tout qu'une institution extra-officielle, née des mœurs, tandis que la *defensio civitatis,* toujours conférée à des hommes, et à un seul au plus pour chaque cité, apparaît dès l'origine comme une institution absolument officielle, née d'une constitution impériale. Si donc le patronat des cités a pu dans une certaine mesure inspirer aux empereurs l'idée de créer la *defensio civitatis,* il y aurait exagération, croyons-nous, à faire de la première de ces institutions l'origine directe de la seconde (4).

La constitution impériale qu'on peut regarder comme l'acte de naissance historique du véritable *defensor civitatis*, a été retrouvée par Baudi di Vesme en 1836. Elle porte la date du 27 avril 364, et, comme celles qui l'ont immédiatement suivie, elle est adressée par les empereurs Valentinien et Valens à Probus, qui était alors préfet du prétoire d'Italie. Elle débute

(1) Cod. Theod. (éd. Hænel), I, 29, *De defensoribus civitatum*, loi 1 : « Plebs... officiis patronorum defendatur » ; — loi 4 : « ... urbium plebibus constituantur patroni. » — Cfr. *ibid.,* VIII, 12, loi 8 : « ... defensorem plebis » ; — et Cod. Just., I, 57 : « ... defensores plebis. »

(2) Cujas, *Opera omnia* (éd. Durand, d'après Fabrot), gr. in-4°, Paris, 1874, t. I, col. 63 ; t. III, col. 55-56, 66, 104; t. VII, col. 1043; t. VIII, col. 47, 470, etc. — *Adde* Raynouard, *op. cit.,* p. 71 ; Serrigny, *ibid.,* n° 263; Houdoy, *ibid.,* p. 647, etc. — Cfr. les inscriptions 3145, 5985, et 7143 d'Orelli-Henzen.

(3) Cfr. sur ces *patroni :* Houdoy, *op. cit.,* p. 250 et suiv.; — Marquardt, *Organisat. de l'emp. romain,* trad. Weiss et Louis-Lucas, gr. in-8°, Paris, t. I (1889), p. 276-279.

(4) Cf. Lécrivain, *op. cit.*, p. 113.

ainsi : « Par des raisons d'utilité, nous ordonnons que toute la plèbe du diocèse d'Illyrie soit défendue par des *patrons* contre les injustices des puissants » (1). Les empereurs continuent en désignant les personnes parmi lesquelles il convient de choisir ces *patrons de la plèbe* qu'ils viennent d'instituer. Mais Probus réclama sans doute sur ce dernier point des instructions supplémentaires, ou bien les empereurs jugèrent à propos de lui en donner spontanément : toujours est-il que, dès l'année suivante, une constitution nouvelle, adressée encore à Probus, vint indiquer avec plus de précision dans quelles conditions devait se faire le choix des *defensores civitatum* (2).

2. *Mode de recrutement primitif des* defensores civitatum. — Le système qui résulte de ces deux premières constitutions peut se résumer ainsi : C'est au préfet du prétoire qu'il appartient de désigner les défenseurs pour chaque cité du diocèse d'Illyrie, sauf à adresser à l'empereur la liste de ceux qu'il aura nommés (3). Le préfet du prétoire devra choisir avant tout des hommes de bonnes mœurs et de bonne réputation (4); car « les empereurs croiraient n'avoir rien fait pour les plébéiens, s'ils ne leur donnaient pas des défenseurs convenables » (5). Il devra toutefois s'abstenir de les prendre, soit parmi les *décurions* des municipes, soit parmi les *officiales* employés à son service ou au service des *præsides* placés sous ses ordres (*cohortales*) (6). En revanche, les empereurs l'invi-

(1) Cod. Theod. (éd. Hænel), I, 29, loi 1, *ad Probum*, 5 kal. maii 364 : « Admodum utiliter edimus, ut plebs omnis Illyrici officiis patronorum contrà potentium defendatur injurias. » — Le diocèse d'Illyrie faisait partie de la préfecture du prétoire d'*Italie*, et non de celle d'Illyrie.

(2) Cod. Theod. (éd. Hænel), *ibid.*, loi 2, *ad Probum*, 3 non. nov. 365. — Cfr. Cod. Just., I, 55, loi 2.

(3) *Const. de 364, suprà cit.* : « Super singulas quasque prædictæ diœceseos civitates aliquos idoneis moribus, quorumque vita ante acta laudatur, tua sinceritas ad hoc eligere curet officium;... referatur vero ad scientiam nostram, qui in quo oppido fuerint ordinati. »

(4) Cfr. la note précédente.

(5) *Const. de 365, suprà cit.* : « Cum multa pro plebe a nobis studiose statuta sint, nihil providisse credidimus, nisi defensores idoneos dederimus. »

(6) *Const. de 364* : « Decurionibus ista non credat; his etiam, qui officio tui culminis vel ordinariis quibuscunque rectoribus aliquando paruerint, non

tent à choisir les *defensores* parmi les anciens gouverneurs de provinces, les *agentes in rebus*, les fonctionnaires du palais (*palatini*), les anciens directeurs de son *officium* ou leurs vicaires, et enfin les *scholastici* (1).

Le préfet du prétoire avait donc un certain choix; mais les empereurs ne tardèrent pas à le restreindre sensiblement. Dès l'année 368, en effet, dans une troisième lettre à Probus qui était devenu préfet du prétoire d'Illyrie, ils manifestèrent d'une façon très claire leur préférence pour une catégorie limitée de fonctionnaires, à savoir ces *agentes in rebus* qu'ils expédiaient de temps à autre aux préfets du prétoire pour diriger leur *officium* en qualité de *principes*, et auxquels ils donnaient ainsi une sorte de position de retraite (2). « Ces *principes*, disent les empereurs, seront par notre ordre établis comme patrons de la plèbe dans les diverses villes, de préférence à tous autres *honorati* ». Le préfet du prétoire n'avait donc plus qu'à choisir parmi eux (3).

Ce système fut pratiqué jusqu'en 387. Pendant vingt-trois ans par conséquent, de 364 à 387, les *defensores civitatum* furent nommés directement par le préfet du prétoire, sous le contrôle de l'empereur. Ces vingt-trois années constituent une première période dans leur histoire, période pendant laquelle leur institution se généralisa, et du diocèse d'Illyrie, où elle avait débuté, finit par se répandre « dans toutes les provinces », s'il faut en croire une constitution de l'an 385, qu'on ne trouve malheureusement qu'au Code de Justinien (4).

committat hoc munus »; — *Const. de 365,* au Cod. Theod. : « Non ex decurionum corpore, sed ex alio,..... huic officio deputentur »; au Cod. Just. : « Defensores civitatum, non ex decurionum seu ex cohortalium corpore, sed ex aliis idoneis personis, huic officio deputentur. »

(1) Cod. Theod. (éd. Hænel), I, 29, lois 1 et 2 (364 et 365).

(2) Cfr. Serrigny, *ibid.*, n° 210.

(3) Cod. Theod., *ibid.*, loi 4, *ad Probum*, 8 id. nov. 368 : « ..... inter cæteros honoratos *jussione nostrâ* diversarum urbium plebibus constituantur patroni. »

(4) Cod. Just., *ibid.*, loi 4, Theodoro defensori, 11 non. jan. 385 : « In defensoribus *universarum provinciarum* erit administrationis hæc forma... » — Il est possible toutefois de justifier ce passage, sinon pour l'année 385 ellemême, au moins pour l'année 400; car de 364 à 400, nous trouvons des constitutions concernant les *defensores*, adressées à chacun des préfets du pré-

Cette même constitution fixe à *cinq ans* la durée des fonctions des défenseurs (1). Il résulte d'une inscription, trouvée à Ravenne, et appartenant à notre période, qu'un même personnage pouvait être alors défenseur de plusieurs villes (2). Il résulte aussi de divers textes que la compétence des *defensores* s'étendait à tout le territoire de la *civitas*, c'est-à-dire non seulement à l'*urbs* qui en était le chef-lieu, mais encore à tous les *loci* inférieurs; et qu'ils devaient protéger aussi bien les habitants des campagnes que ceux des villes (3). Il est possible toutefois qu'il ait existé (sinon à l'origine, au moins par la suite), dans certains *loci* secondaires, des défenseurs spéciaux, ayant en principe les mêmes attributions que le *defensor civitatis*, mais plus particulièrement chargés des intérêts de la plèbe rurale (4). C'est eux sans doute que désigne l'expression *defensor locorum* qu'on rencontre dans quelques textes (5), mais qui, au surplus, pourrait s'appliquer au

toire, savoir en 364, 365, 387, 399, et 400, à celui d'Italie; en 368, à celui d'Illyrie; en 371, 384, 389, 392, et 395, à celui d'Orient; [en 383, au vicaire du Pont; en 392, au préfet d'Égypte;] enfin en 400, au préfet du prétoire des Gaules, Vincentius. A cette dernière date, on le voit, les *defensores* existaient partout.

(1) Cod. Just., *ibid.* : « ... et tempus quinquennii spatii metiendum. »

(2) Orelli-Henzen, n° 3910 : « C. Mario Eventio V. C. fidelissimo in || annis juvenalibus advocato. postea jussu || sacro. per quinquennium hujus civit. sid || et vicin. urbium. probatissim. defensori || pro insignibus ejus erga ordinem. posses || sores et cives meritis. ab eo beneficiis || etc... » — Cette inscription n'est pas datée; mais les mots *jussu sacro per quinquennium* rappellent de trop près les mots *jussione sacrâ* et *tempus quinquennii* des constitutions de 368 et 385, pour que l'inscription n'en soit pas contemporaine. On verra d'ailleurs plus loin (n° 4) que l'expression *jussu sacro* cesse d'être exacte à partir de 387. — La suite de l'inscription nous apprend que les concitoyens de *C. Marius Eventius* lui ont élevé une statue à leurs frais, pour le remercier « de ses bons offices envers eux, et exciter les autres *defensores* à suivre son exemple ».

(3) Cfr. Cod. Theod., *ibid.*, loi 1 : « plebs omnis »; — loi 5 : « innocens et quieta rusticitas »; — Cod. Just., I, 55, loi 5 : « rusticos urbanosque »; — Cod Theod., XVI, 5, loi 45 : « intra aliquam civitatem vel ulla territorii parte secreta »; — etc...

(4) En ce sens : Lécrivain, *op. cit.*, p. 104 (trop affirmatif).

(5) Cod. Theod., VII, 16, loi 3 (420) : « ... apud defensorem locorum »; — Cod. Just., I, 55, loi 3 : « ... id est defensoris locorum »; — XII, 22, loi 8 : « ... locorum defensor »; — Novelle XXX, ch. 7, § 1 : « ... sed locorum defensoribus. »

defensor civitatis lui-même (1). C'est à ce dernier, en tout cas, qu'on doit rapporter l'expression *defensor plebis*, qu'on rencontre aussi quelquefois (2).

3. *Premières attributions des* defensores civitatum. — Il reste à se demander quelles étaient au juste les fonctions des défenseurs des cités pendant la période qui nous occupe. Sur ce point, la constitution de 364 ne s'expliquait pas nettement. Elle disait seulement que « les patrons des plébéiens devaient les défendre contre les injustices des puissants ». Cette phrase vague disait à la fois trop et trop peu. Dans la pensée des empereurs, elle signifiait sans doute que les *defensores civitatum* seraient chargés de protéger les classes inférieures, d'abord contre les agents de l'administration, puis aussi contre les curiales, « que l'oppression rendait tyrans à leur tour, et poussait à rejeter sur les autres le fardeau sous lequel ils succombaient » (3).

Mais dans quelles limites devaient-ils assurer cette protection? Et par quels moyens pouvaient-ils y parvenir? Un *defensor*, nommé Sénèque (4), s'empressa de le demander, et provoqua ainsi un rescrit, en date du 27 juin 365 (5), qui

(1) Il est à remarquer en effet qu'on ne trouve jamais : *defensor loci*, mais toujours : *defensor locorum*.

(2) M. Fustel de Coulanges (*Hist. des inst. polit. de la France*, 2e éd., in-8o, Paris, Hachette, t. I (1877), p. 595) semble être d'un avis contraire : « ... Ce magistrat (*def. civit.*) est parfois appelé *defensor plebis;* mais il faut songer que le mot *plebs* avait quelquefois au ve siècle le sens de circonscription rurale. Le *defensor plebis* ou *loci* était le chef de ce qu'on a appelé plus tard une *paroisse;* il ressemblait d'ailleurs dans sa circonscription à ce qu'était le *defensor civitatis* dans la cité. » Nous ne prétendons pas que le mot *plebs* n'ait pas désigné déjà au ve siècle (et surtout plus tard) les futures paroisses; mais dans *aucun* des textes où se trouve l'expression *defensor plebis*, il n'est possible de donner à *plebs* le sens de circonscription rurale, et de voir dans le *defensor plebis* un autre personnage que le *defensor civitatis*. Cfr. notamment Cod. Theod., VIII, 12, loi 8 : « ... Apud defensorem plebis, in qualibet *civitate* fuerit repertus. »

(3) Klipffel, *Étude sur le régime municip. gallo-romain*, dans la *Nouvelle Revue histor. de droit français et étranger*, année 1879, p. 592-593.

(4) Cod. Just., *ibid.*, loi 1, *Senecæ defensori*. — Le mot *defensori* ne se trouve pas dans la suscription de la même constitution au Cod. Theod., mais il est justifié par le contenu de cette constitution.

(5) D'après le Cod. Theod., I, 29, loi 2, Senecæ, 5 kal. Jul. 365. — Le Cod. Just. porte : 15 kal. jan. [365], ce qui donne le 18 déc. 364.

vint conférer au *defensor civitatis* une certaine juridiction, d'ailleurs très limitée. Elle ne s'étendait en effet qu'aux *minores causæ* (1). Le *defensor*, par exemple, était compétent pour faire payer une dette, pour ramener un esclave fugitif à son maître, pour faire rendre au contribuable ce qu'il aurait payé au delà de sa taxe. Mais pour toutes les affaires « dignes de la grandeur du forum », le *defensor* interpellé devait les renvoyer au juge ordinaire, c'est-à-dire au gouverneur de la province (2).

Cette juridiction des défenseurs des cités, destinée à s'accroître plus tard, était, on le voit, tout à fait secondaire au début, et ne constituait pas leur principale attribution : les nouveaux magistrats avaient *avant tout* pour mission de protéger la plèbe. Au IVe siècle, ce n'était pas là une sinécure : car les plébéiens, notamment ceux des campagnes, étaient alors exposés à de nombreux dénis de justice. Quand ils avaient des procès, tantôt les greffiers (*exceptores*) détournaient les actes; tantôt les chefs de l'*officium* des gouverneurs, circonvenus par l'adversaire qu'ils trouvaient toujours au seuil de leur bureau, se laissaient toucher par son obséquiosité ou corrompre par ses présents (3)! Les plébéiens arrivaient-ils malgré tout à gagner leur cause? Ils n'en étaient guère plus heureux; car l'*intercessor* réclamait immédiatement un prix plus élevé que celui qu'il aurait demandé en cas d'insuccès. Aussi les empereurs Valentinien et Valens, en signalant ces procédés malhonnêtes, avaient-ils raison d'écrire au Sénat, que réellement « les plébéiens des campagnes, ces gens tranquilles et qui ne font pas de mal, avaient besoin d'un patronage particulier, pour ne pas trouver, grâce aux fraudes de la chicane, l'oppression à la place de la justice qu'ils venaient réclamer ».

(1) Au *Cod. Theod.*, on ne trouve aucune indication de taux; mais au *Cod. Just.*, on lit après les mots *minoribus causis* l'interpolation suivante : « id est usque ad quinquaginta solidorum summam ». On peut regarder cette interpolation comme exprimant un fait exact, au moins pour l'époque immédiatement antérieure au règne de Justinien. Cfr. *infrà* n° 9.

(2) Cod. Theod., *ibid.* : « ... Cæteras vero, quæ dignæ forensi magnitudine videbuntur, ordinario insinuato rectori. » — Cfr. Cod. Just., *loc. cit.*

(3) Cod. Theod. (éd. Hænel), I, 29, loi 5, *ad Senatum*, 4 id. aug. 368 ou 370. — Le passage, tel qu'il nous est parvenu, est un peu obscur; nous l'interprétons en nous inspirant des corrections d'Hænel.

Ce patronage particulier était dévolu aux *defensores* (1).

Ceux-ci d'ailleurs avaient le droit et même le devoir de dénoncer au gouverneur de la province tout ce qui était de nature à nuire aux intérêts de leurs protégés. C'est ainsi qu'ils pouvaient porter plainte, si les rôles du cens (*subscriptiones*) n'étaient pas dressés suivant les règles; et dès que la plainte lui parvenait, le gouverneur devait faire une enquête et rendre un jugement (2). Il y a plus; en 384, les empereurs Gratien, Valentinien et Théodose défendirent aux *susceptores* de recevoir les impôts et d'en donner quittance à l'insu des défenseurs, qui devinrent ainsi leurs surveillants directs (3). Ils le devinrent d'autant mieux, qu'à partir de 389, ils durent assister à la confection des rôles (4). Dans le diocèse du Pont, les *defensores* se substituent même aux collecteurs, quand il s'agit de percevoir les contributions dues par les petits propriétaires (*minores possessores*) (5). — Dans un ordre d'idées différent, mais toujours dans une pensée de protection pour les particuliers, les empereurs ordonnent en 384 aux gouverneurs des provinces et aux défenseurs des cités de leur dénoncer tous les soldats qui sortiraient de leurs cantonnements pour pénétrer, au mépris des règlements militaires, sur les propriétés privées (6).

Enfin, dans une constitution générale adressée en 385 à un

(1) Cod. Theod., *ibid.* : « Utili ratione prospectum est, ut innocens et quieta rusticitas peculiaris patrocinii beneficio fruatur... » La constitution ne dit pas formellement, il est vrai, que le *patrocinium* soit confié au *defensor;* mais cela résulte suffisamment de son insertion au titre *De defensoribus civitatum,* et aussi d'une interpolation de Justinien, qui reproduit en la mutilant la constitution précitée, et ajoute après *patrocinii* les mots *id est defensoris locorum* (Cod. Just., I, 55, loi 3).

(2) Cod. Theod., XIII, 10, *De censibus*, loi 7, 17 kal. feb. 371.

(3) Cod. Theod., XI, 1, *De annonâ et tributis*, loi 19, pridiè kal. feb. 384: « .... nisi scientibus defensoribus... »

(4) Cod. Theod., XII, 6, loi 23, 4 kal. dec. 389 : « Susceptores præsentibus defensoribus et modum jugationis possessorum et species singulas vel earum numerum quantitatemque perscribant. » — Cfr. Cod. Just., X, 70, loi 10.

(5) Cod. Theod., XI, 7, *De exactionibus*, loi 12 (Vicario Ponticæ), 5 non. mai. 383 : « ... Minores autem possessores defensor civitatis ad solutionem fiscalium pensitationum spectata fidelitate compellere. »

(6) Cod. Theod., VII, 1, *De re militari,* loi 12, 4 id. ap. 384 : « ... Rectorum ac defensorum relationibus »; — Cod. Just., XII, 36, loi 11.

defensor nommé Théodore, le rôle du défenseur, dans toutes les provinces, est ainsi résumé : — Le *defensor civitatis* doit être un *père* pour les plébéiens; il doit les protéger comme ses enfants, et les défendre contre l'insolence des *officiales* et les excès de pouvoir des gouverneurs. Il ne souffrira pas qu'on les inscrive à tort sur les rôles du cens, qu'on les taxe plus qu'ils ne doivent l'être, et qu'on exige d'eux plus que leur contribution accoutumée (1). Pour remplir ces devoirs, « seul remède possible à la situation », disent naïvement les empereurs (2), le *defensor* devra être reçu, chaque fois qu'il le voudra, par le gouverneur de la province (3).

C'était là, en somme, le pouvoir le plus important donné au *defensor civitatis*. Il n'y a pas en effet à parler de sa juridiction, qui était insignifiante, ni du droit qu'il avait d'adresser des rapports ou des plaintes aux gouverneurs de province et aux empereurs; car les plaintes les mieux fondées ne sont pas toujours écoutées. Au contraire le libre accès auprès du gouverneur pouvait être, aux mains d'un homme énergique et zélé, un moyen efficace d'arriver à son but. — Mais des hommes énergiques et zélés, en trouvait-on parmi ces *defensores* de la première heure? Ils étaient, il ne faut pas l'oublier, nommés par l'administration, et pris parmi ses propres agents. N'y avait-il pas quelque chose d'illusoire à confier le soin de combattre les abus à ceux-là même qui jusqu'alors avaient contribué à les perpétuer. Certes, ils devaient bien les connaître; mais voudraient-ils les réformer, et n'aurait-il pas mieux valu donner de suite à ceux qui en souffraient le droit de choisir leurs protecteurs?... L'expérience fut sans doute concluante; car dès 387, une constitution impériale modifiait le système de 364, et inaugurait ainsi, dans l'histoire des *defensores civitatis*, une période nouvelle, qui devait être d'ailleurs aussi courte que la première.

(1) Cod. Just., I, 55, loi 4 (Theodoro defensori), 11 non. jan. 385.

(2) *Ibid.* : « ... quos certum est, nisi tali remedio, non posse reparari. »

(3) *Ibid.* : « Ingrediendi, cum voles, ad judicem liberam habeas facultatem. »

§ II. *Le* defensor civitatis *de l'an 387 à l'an 409.*

4. *Élection du* defensor civitatis *par les cités.* — Le 25 janvier 387, les empereurs Valentinien, Théodose, et Arcadius adressaient en effet au préfet du prétoire d'Italie une constitution qu'on trouve reproduite au *Bréviaire d'Alaric.* « Seront nommés défenseurs, dit cette constitution, ceux que les *civitates* éliront par leurs *decreta* (1) » ; et l'*interprétation* du Bréviaire d'Alaric nous prévient qu'il faut entendre ici par *decreta* des cités le consentement et le vote de *tous* les citoyens (2). C'est en effet le sens naturel du mot *civitas;* et c'est à tort, croyons-nous, que certains auteurs ont voulu le traduire par *curie*, et ont assimilé le *decretum* de la cité au *decretum curiæ* (3). Cette assimilation est d'autant moins acceptable qu'elle conduirait à admettre l'élection du *defensor civitatis* par la curie, chargée alors, comme on sait, d'élire les magistrats municipaux, qu'elle devait choisir parmi ses membres. Or à aucune époque, nous le verrons, le *defensor civitatis* n'a été élu comme les magistrats municipaux; les empereurs ont toujours eu soin, même en lui conférant des attributions municipales, de lui donner une autre origine, qui le rendait indépendant de la curie, dans laquelle d'ailleurs il ne pouvait être pris. Nous croyons donc devoir maintenir notre traduction, qui fait élire, à partir de 387, le *defensor civitatis* par le suffrage universel, système que nous trouverons adopté à nouveau à d'autres époques (4).

Le préfet du prétoire toutefois conservait un droit important, de nature à recevoir plus d'une application, étant données les mœurs romaines en matière électorale. S'il apprenait que quelqu'un fût arrivé par la *brigue* à la dignité de

(1) Cod. Theod. (éd. Hænel), I, 29, loi 6, ad Eusignium, 8 kal. feb. 387 : « Hi potissimum constituantur defensores, quos decretis elegerint civitates. »

(2) *Lex romana Wisigoth.* (éd. Hænel), I, 10 (11), loi 1, interpret. : « Hi instituantur civitatum defensores, quos consensus civium et subscriptio universorum elegisse cognoscitur. »

(3) Notamment Ginoulhiac, *op. cit.*, nº 161 *in fine*. M. Ginoulhiac prétend que l'*interpretatio* du Bréviaire a *corrigé* le texte de la constitution. — Cfr. le nº 60 du même auteur, où il semble professer une autre opinion.

(4) En ce sens : Raynouard, *ibid.*, p. 73 ; — Klipffel, *loc. cit.*, p. 593.

defensor, il devait le révoquer aussitôt, et le condamner à une amende de cinq livres d'or au profit du fisc (1).

Il y a lieu de penser que les premiers choix des électeurs ne furent pas heureux, au moins dans le diocèse d'Égypte; car, en 392, les empereurs se voient obligés de rappeler à l'ordre les *defensores* de ce pays. Ils leur enjoignent de ne rien réclamer pour eux d'insolite ou d'indû, de n'infliger aucune amende, de ne mettre personne à la torture, et de s'acquitter seulement des fonctions qui conviennent à leur titre, c'est-à-dire de protéger la plèbe et aussi les décurions, contre toute mesure abusive et toute agression de la part des méchants (*improbi*); en un mot, « de ne pas cesser de mériter le nom qu'ils portent » (2).

5. *Attributions nouvelles du* defensor civitatis. — On voit par là qu'en principe la mission des *defensores civitatum* restait toujours la même, malgré les changements survenus dans leur mode de recrutement (3). Cette mission toutefois n'allait pas tarder à recevoir certains accroissements, qui en modifièrent sensiblement le caractère. De 392 à 408, en effet, diverses constitutions vinrent conférer aux défenseurs des cités, en matière *criminelle*, *administrative*, et *religieuse*, des pouvoirs de police qu'ils n'avaient pas encore exercés, et qui n'étaient guère en harmonie, il faut l'avouer, avec leurs premières attributions.

Ainsi, en 392, les empereurs chargent les défenseurs de prévenir les brigandages, alors fréquents, par une surveillance quotidienne, « qui ne permette pas aux crimes de se multiplier par suite de l'impunité » ; ils devront aussi empêcher la formation des *patrocinia*, dans lesquels les malfaiteurs et les

(1) Cod. Theod., *ibid.* : « Quod si quis ad locum defensionis *ambitione* pervenerit, confestim eum sinceritas tua rejectum quinque libras auri fisci utilitatibus cogat inferre. »

(2) Cod. Theod., *ibid.*, loi 7, præfecto augustali, 3 non. mart. 392 : « Defensores..... id tantum, quod esse dicuntur, esse non desinant. » — Cfr. Cod. Just., I, 55, loi 5, et *infrà* n° 9.

(3) Cfr. ici la constitution de 389 citée par anticipation, *suprà* n° 3. — En 396, une constit. d'Honorius et Arcadius donne compétence aux défenseurs pour assister (avec d'autres personnes publiques) aux *inventaires* des pupilles (Cod. Theod., III, 19, loi 4, Kal. mart. 396).

scélérats trouvent un point d'appui (1). — Si des criminels saisis en flagrant délit de vol, de violence, d'homicide, d'attentat aux mœurs, de rapt, ou d'adultère, sont amenés devant eux, une constitution du 31 décembre 404 enjoint aux défenseurs de les faire conduire sous bonne garde au tribunal du gouverneur, après avoir recueilli les dépositions de leurs accusateurs (2). Il leur est défendu toutefois de faire mettre eux-mêmes en prison les individus arrêtés (3).

Au point de vue administratif, les *defensores* devaient s'opposer à ce que les Barbares *læti* reçussent des concessions de terre d'une étendue déraisonnable; mais à cet égard, ils ne remplissaient pas toujours leur rôle, et se laissaient aller au contraire à colluder avec les *Læti*, s'il faut en croire un passage d'un édit de 399, destiné par les empereurs Honorius et Arcadius à faire cesser cet état de choses (4). — L'année suivante, les mêmes empereurs chargent les défenseurs des cités d'empêcher les *curiales* et les *collegiati* de déserter, les uns la curie, et les autres leurs collèges, auxquels ils étaient alors enchaînés, sous des peines rigoureuses, par de nombreuses constitutions impériales. Le *defensor*, convaincu d'avoir par faveur négligé de dénoncer un curiale ou un *collegiatus* fugitif, encourait la peine de la relégation (5). — Les défenseurs devaient encore contribuer, avec les *curatores* et les

(1) Cod. Theod., I, 29, loi 8, 5 id. april. 392 : « ..... quotidianis actibus præsint, qui non sinant crimina impunitate coalescere; removeant patrocinia, quæ favorem reis, et auxilium scelerosis impartiendo, maturari scelera fecerunt. » — Cfr. Cod. Just., I, 55, loi 6.

(2) Cod. Just., *ibid.*, loi 7, prid. kal. Jan. 405 : « Defensores civitatum oblatos sibi reos in ipso latrocinio....., mox sub idonea persecutione ad judicium dirigant. » — Cfr. la constitution de 409, citée à la note suivante.

(3) Cod. Theod., IX, 2, loi 5, 12 kal. feb. 409 : « Defensores civitatum, curatores, magistratus, et ordines oblatos sibi reos in carcerem non mittant; sed in ipso latrocinio, etc... »

(4) Cod. Theod., XIII, 11, loi 10, non. april. 399 : « ..... aut colludio principalium vel *defensorum* vel subrepticiis rescriptis, majorem quam ratio poscebat terrarum modum sunt consecuti, etc... »

(5) Cod. Theod., XII, 19, loi 3, Vincentio pr. pr. *Galliarum*, 3 kal. jul. 400 : « Primates sane ordinum defensoresque civitatum pœnæ denuntiatione constringimus, ne passim vagari curiæ vel collegii defugas in publica damna patiantur. Quod si per gratiam tacuisse detegentur, pœnam relegationis excipiant. »

principales des cités, à prévenir tout usage illégal du *cursus publicus*, en déférant les délinquants au tribunal du gouverneur (1).

Mais c'est surtout en matière religieuse que le *defensor civitatis* devient l'agent direct du gouvernement impérial. En 392, les empereurs, ayant défendu sous des peines sévères toute espèce de sacrifices païens, déclarent les gouverneurs des provinces, les *defensores*, et les curiales de chaque ville, tenus de veiller à l'exécution de leurs ordres. Les défenseurs et les curiales devaient pour leur part traduire les coupables devant les gouverneurs chargés de les condamner. En cas de connivence ou de négligence, ils encouraient la colère de la justice (2). — En 395, les empereurs prennent contre les hérétiques des mesures analogues à celles qu'ils avaient déjà édictées contre les païens, et ils menacent de peines rigoureuses, non-seulement les gouverneurs, mais encore les *defensores civitatum* et les curiales, qui ne réprimeraient pas sur-le-champ toute contravention à leur édit (3). — En 405, une longue constitution est rendue contre les Donatistes. Entre autres dispositions, elle inflige une amende de vingt livres d'or aux *defensores* et aux *principales* des cités, qui n'auraient pas exécuté les ordres impériaux, ou qui auraient laissé les hérétiques envahir l'église catholique en leur présence (4). — En 407, l'application d'un édit sévère promulgué contre les Manichéens et les Priscillianistes, est assurée d'une façon analogue, c'est-à-dire notamment par une amende de dix livres d'or contre les *defensores* « qui n'auraient pas mis tout le zèle, toute la sagacité, et toute l'activité possibles à obéir aux pre-

(1) Cod. Theod., VIII, 5, loi 59, 15 kal. dec. 400 : « ... periculo curatoris sive *defensoris* et principalium civitatum ad ordinarium judicem dirigatur... »

(2) Cod. Theod., XVI, 10, loi 12, 6 id. nov. 392 : « § 4. Quod quidem ita per judices ad *defensores* et curiales singularum urbium volumus custodiri, ut illico per hos comperta in judicium deferantur, per illos delata plectantur.... »

(3) Cod. Theod., XVI, 10, loi 13, 7 id. Aug. 395 : « Sciant autem moderatores provinciarum et his apparitio obsecundans, primates etiam civitatum *defensores*, nec non et curiales, etc... »

(4) Cod. Theod., XVI, 6, loi 4, prid. id. feb. 405 : « Principales vel *defensores civitatum*, nisi id quod præcipimus fuerint exsecuti, vel his præsentibus ecclesiæ catholicæ vis fuerit illata, eadem mulcta se noverint attinendos. »

scriptions des gouverneurs » (1). — Enfin, en 408, il est directement enjoint aux *defensores* et aux curiales d'empêcher les réunions illicites des hérétiques sur tout le territoire de la *civitas* (2).

On voit par ces simples indications que le *defensor civitatis* a bien réellement changé de caractère. Il n'est plus seulement et uniquement, comme au début, le protecteur de la plèbe. Il semble même qu'il ait oublié ce rôle pour lequel il avait été créé; car comment s'expliquer autrement ce canon du concile de Carthage de l'an 401, qui ordonne d'instituer un *defensor* chargé de protéger « les pauvres contre les puissants », c'est-à-dire de faire précisément ce que devait faire le *defensor civitatis* (3)? — Ce dernier est devenu, on peut le dire, un véritable commissaire de police, et à ce titre l'auxiliaire du gouverneur de la province, dont il n'est pas, il est vrai, le *lieutenant*, mais à côté duquel les édits impériaux le mentionnent constamment (4), et dont il reçoit des ordres qu'il est tenu d'exécuter (5). C'est avec ce caractère, tout différent de son caractère primitif, que le *defensor civitatis* atteignit l'année 409, point de départ d'une nouvelle phase de son histoire.

(1) Cod. Theod., XVI, 5, loi 40, 8 kal. mart. 407 : « § 8... *Defensores* quoque et principales urbium singularum, nec non et officia provincialia decem librarum auri pœna constringet, nisi in his, quæ a judicibus super hoc præcepta fuerint, exsequendis et sagacissimam curam et solertissimam operam commodarint. »

(2) *Ibid.*, loi 45, 5 kal. dec. 408 : « *Defensorum*, curialium omniumque officiorum specula custodiat, ne quis intrà aliquam civitatem vel ulla territorii parte secreta, qui ab ecclesiæ catholicæ sacerdote dissidet, illicitæ coïtionis habeat facultatem. »

(3) *Concil. Carthag.* IVe, cap. 9 : « Propter afflictionem pauperum, quorum molestiis sine intermissione fatigatur Ecclesia, ut *defensores* eis adversus potentias divitum, cum Episcoporum provisione delegentur. » — Cfr. Abel Desjardins, v° *Defensor pauperum*, dans le *Dictionn.* de Daremberg et Saglio.

(4) Cfr. les constit. des années 404, 400, 392, 395, 405, et 407, citées aux notes précédentes, et celles des années 409, 412, 428, 457, etc., citées aux notes suivantes.

(5) Cfr. la constit. de 407, *suprà cit.* : « ... in his, quæ a *judicibus* super hoc præcepta fuerint, exsequendis. »

§ III. *Le* defensor civitatis *de l'an 409 à l'an 458.*

6. *Élection et attributions du* defensor civitatis. — En 409, le mode de recrutement des *defensores civitatum* fut modifié pour la seconde fois. Au lieu d'être nommés au suffrage universel, ils devront être élus désormais au suffrage restreint, par la partie aristocratique de la cité, c'est-à-dire « par les évêques, les membres du clergé, les anciens magistrats (*honorati*), les propriétaires fonciers (*possessores*), et les curiales ». L'élection faite devra être *confirmée* par le préfet du prétoire. Tel est en résumé le système consacré par les empereurs Honorius et Théodose, dans une constitution datée de Ravenne et adressée au préfet du prétoire d'Italie (1). On y relève deux changements à l'état de choses antérieur : les *plebeii* perdent le droit de voter, et le préfet du prétoire acquiert le droit de confirmation au lieu du simple droit de révocation que lui donnait l'édit de 387. C'est un moyen pour lui d'exercer une certaine influence sur les élections. — Les empereurs ajoutent que le *defensor civitatis* devra toujours être choisi parmi les catholiques orthodoxes (2).

Comme toutes les constitutions qui réorganisent l'institution, la constitution de 409 se préoccupe de mettre les défenseurs des cités à même d'exercer leur devoir principal. Dans ce but, elle leur accorde d'une façon très large le droit d'en référer aux principaux dignitaires de l'Empire, et spécialement aux préfets du prétoire, aux *magistri militum*, aux *magistri officiorum*, et aux deux *comites* placés à la tête des services financiers. Les *defensores* pourront s'adresser à ces hauts fonctionnaires « chaque fois qu'ils apprendront qu'on a lésé des *propriétaires fonciers*, contrairement au droit public (3) ».

(1) Cod. Just, I, 55, loi 8, pr., 15 kal. feb. 409 : « *Defensores* ita præcipimus ordinari, ut sacris orthodoxæ religionis imbuti mysteriis, reverendissimorum episcoporum, necnon clericorum, et honoratorum, ac possessorum, et curialium decreto constituantur : de quorum ordinatione referendum est ad illustrissimam prætorianam potestatem : ut litteris ejusdem magnificæ sedis eorum solidetur auctoritas. »

(2) Cfr. la note précédente.

(3) *Ibid.*, § 1 : « Quod si quid a qualibet persona contra publicam disciplinam in læsionem possessorum fieri cognoverint *defensores*, referendi habeant potestatem ad illustres, etc... »

On remarquera que cette fois les empereurs ne nomment pas les plébéiens, mais bien les *possessores*, comme devant être particulièrement protégés par les défenseurs. C'est qu'en effet, au début du ve siècle, la position des *possessores* était peut-être la plus critique. Écrasés de contributions, opprimés par des exactions de toute nature et par les invasions des Barbares, ils couraient à une ruine certaine. Or la ruine des propriétaires fonciers, c'était à bref délai la ruine de l'Empire. Cette situation, qui préoccupait les empereurs, explique leur sollicitude un peu tardive pour ceux qui payaient l'impôt.

L'action des défenseurs des cités devait donc, comme auparavant, être dirigée surtout contre les collecteurs, et spécialement contre les *susceptores* des cités. Ces derniers, d'improbité en improbité, en étaient arrivés à user de fausses mesures et de faux poids au préjudice des *possessores* qui venaient acquitter leurs taxes! Les empereurs, éclairés par les plaintes fréquentes des victimes de cet incroyable procédé, chargent les défenseurs de surveiller avec zèle les poids et mesures employés par les *susceptores*, et, en cas de fraude, d'arrêter les coupables et de les faire conduire immédiatement au tribunal du gouverneur, avec la preuve de leurs méfaits (1).

Les particuliers avaient d'ailleurs le droit de signaler eux-mêmes les injustices dont ils pouvaient être victimes, soit à la curie, soit aux magistrats municipaux, curateur ou duumvirs. Curiales et magistrats étaient tenus de recevoir ces plaintes, et de les faire transcrire sur les registres publics (*acta*, *gesta*); mais ils ne s'y prêtaient pas volontiers. Les plaignants pouvaient alors recourir aux *defensores;* mais ceux-ci, paraît-il, ne s'y prêtaient pas davantage. « C'est là un fait notoire, » disent les empereurs en 409; et pour l'empêcher de se reproduire ils permettent aux intéressés de donner une grande publicité aux plaintes que les magistrats municipaux ou le *defensor civitatis* auraient refusé d'insérer *apud acta;* ils

(1) Cod. Theod., XI, 8, loi 3, pr., 12 kal. feb. 409 : « ... Frequenti læsorum deploratione didicimus, ut majoribus subjectis mensuris atque ponderibus, gravi possessor damno quatiatur. Jubemus, ut cura et solertia *defensorum* hoc fieri a susceptoribus non sinat, deprehensosque ad judicium dirigant, cum ipso commissæ fraudis indicio. » — Cfr. Cod. Just., I, 55, loi 9, pr.

menacent en outre ces derniers d'un châtiment exemplaire (1).

La constitution de 409 qui contient cette double disposition a été reproduite, avec quelques variantes, dans le Code de Justinien (2); mais la mention des magistrats municipaux en a disparu, et il n'y est plus question que du *defensor*. Il y a dans cette omission, évidemment volontaire, l'indice d'une nouvelle transformation du défenseur, qui se produisit précisément dans la période qui nous occupe maintenant. Le *defensor* devient peu à peu un véritable magistrat municipal, auquel les empereurs confèrent certaines attributions réservées jusque-là au *curator civitatis* ou aux *duumviri juri dicundo*. La première qui lui fut ainsi accordée est relative précisément aux *acta* ou *gesta* publics, dont l'administration, confiée aux magistrats municipaux par les constitutions antérieures (3), finit par passer pour la plus grande partie aux mains du *defensor civitatis*. Déjà en 409, on vient de le constater, il avait le droit, ou plutôt le devoir, d'insérer *apud acta* les plaintes des provinciaux (4). En 412, il devient compétent pour recevoir et pour enregistrer, à défaut du gouverneur de la province, certaines déclarations exigées de ceux qui aspiraient à faire partie d'un collège d'armuriers (*fabricenses*) (5). En 415, il acquiert le droit d'opérer l'insinuation des donations dans les *civitates* et les *oppida* dépourvus de magistrats municipaux, et cela, quelle que soit la cité à laquelle il

(1) Cod. Theod., *ibid.*, § 1 : « Idem fieri notum est, ut provincialibus nostris, contestari injurias suas cupientibus, actorum confectio a *defensoribus*, ordinibus, curatore et magistratibus denegetur, etc... »

(2) Cod. Just., I, 55, loi 9, § 1 : « ... actorum confectio a defensoribus denegetur, etc... »

(3) Cod. Theod., VIII, 12, loi 1, feb. 316; — loi 3, mai 316; — Cod. Just., I, 56, loi 2, déc. 365 : « Magistratus conficiendorum actorum habeant potestatem »; — Cod. Theod., XII, 1, loi 151, mai 396; etc... — Cfr. Raynouard, *op. cit.*, p. 114 et suiv. — En ce qui concerne le *curator reipublicæ*, sa compétence en matière de *gesta* lui a été expressément enlevée en 415 [Cod. Theod., VIII, 12, loi 8].

(4) Cfr. la const. de 409, *suprà cit.*

(5) Cod. Theod., X, 22, loi 6, 15 kal. jun. 412 : « ... atque ita demum, gestis confectis vel apud moderatorem provinciæ, vel, si is absit, apud *defensorem civitatis*, ad militiam quam optaverit suscipiatur. » — Cfr. Cod. Just., XI, 9, loi 4.

appartienne lui-même (1). En 420, il est chargé directement, et non plus à titre subsidiaire, de mentionner aux *gesta* la destination des navires en partance, et la déclaration préalable faite par les patrons qu'ils ne transportent pas chez les Barbares de marchandises prohibées. Un exemplaire de cette déclaration était remis au patron ou à l'affréteur, mais l'original restait aux mains du *defensor* (2).

Quelques années plus tard, en 428, les *defensores civitatum* reçurent, concurremment avec les évêques et les gouverneurs, le soin de veiller aux bonnes mœurs, en venant au secours des malheureuses femmes à qui leur père ou leur maître voudrait imposer malgré elles un métier infâme (3). Il y avait là une extension des pouvoirs des défenseurs qu'on ne peut qu'approuver. Malheureusement elle fut immédiatement suivie d'une restriction tout à fait condamnable. La même année en effet, les empereurs Théodose et Valentinien interdisaient aux *defensores* de prêter leur appui aux hérétiques, privés également de celui des gouverneurs et des curies municipales, et d'une façon générale « de tout secours civil ou militaire (4) ».

7. *Décadence de l'institution.* — Cette restriction à leur rôle essentiel porta malheur aux défenseurs des cités. A partir de 428, les constitutions impériales, qui s'en occupaient assez fréquemment, cessent presque subitement d'en parler. A part

(1) Cod. Theod., VIII, 12, loi 8, 10 kal. april. 415 : « ... vel si civitas ea vel oppidum, in quo donatio celebratur, non habeat magistratus, apud *defensorem plebis*, in qualibet civitate fuerit repertus. »

(2) Cod. Theod., VII, 16, loi 3, 14 kal. oct. 420 : « Gestis apud *defensorem* locorum... sub hac observatione confectis, ut, et ad quas partes navigaturi sunt, et quod nullam concussionem pertulerunt, apud acta deponant, quorum authenticum nauclerus sive mercator habebit, scheda apud defensorem manente. » — Cfr. Cod. Just., XII, 45, loi 1.

(3) Cod. Theod., XV, 8, loi 2, 11 kal. mai 428 : « ... episcoporum liceat, judicum etiam *defensorumque* implorato suffragio... »; — et Cod. Just., XI, 40, loi 6. — [Au même *Code*, I, 4, loi 12, un extrait de la constit. est reproduit; mais, chose assez singulière, la mention des *defensores* en a disparu.]

(4) Cod. Theod., XVI, 5, loi 65, 3 kal. jun. 428 : « ... omni, civili et militari, curiarum etiam et *defensorum* et judicum, sub viginti librarum auri interminatione, prohibendi auxilio »; — Cod. Just., I, 5, 5.

un édit de 436 spécial à l'Égypte (1), il faut arriver aux années 438 et 441, pour retrouver des constitutions où il soit question d'eux; et ces constitutions, corroborées par une *Novelle* de l'empereur Majorien, permettent d'affirmer ce que le silence des textes autorisait à soupçonner, c'est-à-dire une décadence lamentable de l'institution qui nous occupe, moins de vingt-cinq ans après la réforme de 409. — Vers 438, au moment de la publication du Code Théodosien, cette décadence était à son apogée. De tous côtés, les *defensores*, trouvant sans doute que leurs fonctions étaient devenues trop lourdes, cherchaient à s'y soustraire (2); et bien des villes perdirent alors ces protecteurs, qui depuis trois quarts de siècle, avec un zèle plus ou moins grand et plus ou moins efficace, s'efforçaient de défendre leurs concitoyens contre l'insolence et l'improbité des fonctionnaires (3). — En outre, malgré la loi qui ordonnait que tout *defensor* fût catholique, les Juifs et les Samaritains étaient parvenus à se faire élire « subrepticement » en certains endroits (4), et « forts de l'autorité que leur donnait la dignité conquise, ils la dirigeaient contre les chrétiens et surtout contre les prêtres, comme pour insulter à la religion catholique, jugeant et prononçant à leur fantaisie (5) ».

Contre ce double danger de désertion d'une part, et d'invasion de l'autre, les empereurs Théodose et Valentinien prirent

(1) Cod. Theod., XI, 5, loi 3, pridie non. jun. 436 : « Cum omnis hoc Ægyptiaci tractus possessoribus conducibile videatur, etc... »

(2) Cfr. la const. de 441, *infrà cit.*

(3) Nov. Major., tit. III, *De defensor. civit.*, loi unique, mai 458 : « ... qui unumquemque civium ab improbitatibus insolentum antiquæ ordinationis studio vindicare consueverant; etc... »

(4) Dans une lettre écrite en 418, Sévère, évêque de l'île Minorque, parle d'un certain *Théodore*, juif, qui après être sorti de la curie en en remplissant toutes les charges était devenu *defensor*, puis patron de son municipe : « Judæorum populus maxime cujusdam Theodori auctoritate et potentia nitebatur... In civitate autem cunctis curiæ muniis exsolutus, et *defensor* jam extiterat, jam nunc patronus municipium habebat. » (Dans Baronius, *Ann. ecclesiast.*, in-f°, Rome, 1607, tome V, p. 420.)

(5) Nov. Theod., tit. III, loi 1, § 2, prid. kal. feb. 438 : « ... et acquisitæ dignitatis auctoritate muniti adversùm Christianos et ipsos plerumque sacræ religionis antistites, velut insultantes fidei nostræ, judicandi vel pronuntiandi quod velint habeant potestatem. »

quelques mesures. Ils commencèrent par interdire l'accès des magistratures, et tout spécialement de la *defensio civitatis*, aux Juifs et aux Samaritains, « ennemis de la majesté suprême et des lois romaines » (1). Ils déclarèrent ensuite qu'aucun défenseur ne pourrait se décharger de ses fonctions sans obtenir d'eux une permission écrite, qu'il devrait faire viser par le préfet du prétoire (2).

Ces mesures ne suffirent pas à arrêter la décadence du *defensor civitatis*. — Dans *toutes* les provinces de l'Empire, elle était complète à l'avènement de Majorien, qui constate avec douleur que « les habitants des villes, privés du secours des défenseurs, se sont vus réduits à fuir dans leurs maisons de campagne ou même dans des contrées désertes, pour échapper aux agents du fisc » (3). Majorien s'émeut de cette situation inquiétante, et, dans l'espoir d'y porter remède, il adresse en 458, à *tous* les gouverneurs directement, une lettre circulaire, qui réorganise l'institution du *defensor civitatis* sur de nouvelles bases, et qu'on peut regarder, qu'on nous passe le mot, comme un acte de *renaissance*.

§ IV. *Le* defensor civitatis *après l'an 458.*

8. *La réforme de Majorien.* — Dans sa circulaire, l'empereur Majorien commence par déclarer « qu'il veut revenir aux usages primitifs »; et en effet, il les rétablit en grande partie, au double point de vue de l'élection et des attributions du *defensor*. — Au point de vue de l'*élection* d'abord, Majorien consacre à nouveau le suffrage universel admis en 387, en décidant que « dans les cités les plus peuplées », les gouver-

(1) *Ibid.* : « Sancimus, neminem Judæum, neminem Samaritam neutra lege constantem ad honores et dignitates accedere, nulli administrationem patere civilis obsequii, nec *defensoris* fungi saltem officio. Nefas quippe credimus, ut supernæ majestati et romanis legibus inimici, etc... »

(2) Cod. Just., I, 55, loi 10, 15 kal. sept. 441 : « Nulli defensorum licere decernimus, si de publica sollicitudine se voluerit liberare, nisi divinos affatus intimaverit tuæ sublimitatis judicio. »

(3) Nov. Major., *ibid.* : « De civitatum *per omnes provincias* positarum raritate cogitantes, quibus, fugientibus incolis, *defensorum* auxilio destitutis...; et ii, qui per injuriam compulsorum rurales habitationes et solitudines expetunt... »

neurs de province devront avertir *tous* les habitants : *municipes*, *honorati*, et *plebeii*, d'avoir à se réunir et à se concerter pour élire un défenseur, qu'ils devront choisir « parmi les hommes probes, honnêtes, et prévoyants ». Le nom de l'élu sera ensuite transmis à l'empereur lui-même, qui fera faire une enquête sur sa personne, ses mœurs, et son abstention de toute brigue. Si l'empereur, à la suite de cette enquête, juge l'élu digne de sa mission, il confirmera lui-même l'élection (1). L'empereur ne laisse plus ce soin à ses préfets du prétoire, dont il se défie manifestement.

Quant aux *attributions*, celle que Majorien a le plus en vue, et qu'il s'efforce d'entourer de garanties nouvelles, est certainement l'attribution caractéristique du *defensor*. L'empereur veut en effet que le *defensor* emploie son autorité « à protéger la plèbe de sa cité », et qu'il lui adresse des rapports « sur toutes les matières d'intérêt public ». Grâce à ces rapports, l'empereur, qui se plaint d'ignorer ce qui se passe dans les provinces, sera mis à même de réprimer les abus; et par suite, il espère « que les habitants des villes quitteront les campagnes et les déserts où ils se sont réfugiés, pour reprendre, sous la garde des défenseurs, leurs domiciles abandonnés » (2).

C'est bien là le langage que Valentinien tenait un siècle plus

(1) Nov. Major., *ibid.* (*universis rectoribus provinciarum*), 8 id. mai 458 : « ... priscæ consuetudinis morem revocandum esse censuimus, ut probis moribus, honestate, providentia viri judicio universitatis electi... Quapropter præceptionis nostræ tenore comperto, universarum civitatum, quæ sunt inhabitantium frequentia celebres, in tuæ potestatis arbitrio constitutæ, municipes, honoratos plebemque commoneat, ut adhibito tractatu atque consilio sibi eligant *defensorem*, factumque dematurent, ut sub hac solennitate desideria urbium singularum ad nostram mansuetudinem dirigant..., ut, compertis eorum moribus atque personis, quos præter ambitum dignos tali ministerio et honore judicemus, idoneos defensores confirmatio constituat. »

(2) *Ibid.* : « ... auctoritatem tuendæ in civitatibus suis plebis accipiant, et quæcumque utilitatem publicam respiciunt, concessæ per leges privilegio dignitatis vel exsequendi vel insinuandi auribus mansuetudinis nostræ habeant potestatem. Hoc enim modo fieri potest ut, repressis per eos insolentiæ vitiis quoque, qui accidentia in provinciarum nostrarum parte tractatum intenti curis majoribus ignoramus, eorum ad emendandum suggestionibus instruamur, et ii, qui per injuriam compulsorum rurales habitationes et solitudines expetunt, sub *defensorum* tuitione degentes, publicis se urbium conspectibus, repetiti domicilii habitatione, restituant. »

tôt, et le *defensor civitatis* semble redevenir le *patronus plebis* des premiers temps. Mais il ne faut pas s'y tromper : le défenseur ne perd pas pour cela sa qualité plus récente de commissaire de police et de magistrat municipal. — Dès 457 en effet, il avait reçu l'ordre d'assurer, concurremment avec les gouverneurs de province et leurs employés, et à peine de dix livres d'or d'amende, l'exécution d'un long édit contre les hérétiques connus sous le nom d'Apollinaristes et d'Eutychiens (1). — En outre, en 459, une constitution de Léon, collègue de Majorien, vint augmenter sa compétence en matière d'insinuation des donations. On a vu précédemment (*suprà*, n° 6) que le défenseur ne pouvait insinuer les donations que dans les localités dépourvues de magistrats municipaux. L'empereur Léon modifie la règle, et décide que le donateur sera laissé complètement libre de faire insinuer ses libéralités soit par le gouverneur de la province, soit par les magistrats municipaux, soit enfin par le *defensor civitatis*, qu'il y ait ou non d'autres magistrats dans la *civitas* (2). Cette constitution fut abrogée en Orient par l'empereur Anastase, en 496 (3). — En 475 enfin, le défenseur fut chargé, avec les curiales, de garder à vue les gouverneurs pendant les cinquante jours qui suivraient leur sortie de fonctions (4).

A cette date, l'empire d'Occident était sur le point de dis-

(1) Cod. Just., I, 5, loi 8 (457), *in fine* : « Scientibus moderatoribus provinciarum, eorumque apparitoribus, *defensoribus* etiam civitatum : quod si ea, quæ legis hujus religiosissimâ sanctione custodienda decernimus, aut neglexerint, aut aliquâ permiserint temeritate violari, denarum librarum auri multam fisco inferre cogantur; etc... »

(2) Cod. Just., VIII, 54, loi 30, 5 non. mart. 459 : « In aliis vero civitatibus, sive absens, sive præsens rector provinciæ sit, sive eadem civitas habeat magistratus, sive non habeat, et *defensor* tantummodo sit, donator habeat liberam facultatem, donationes rerum suarum ubicunque positarum, sive apud moderatorem cujuslibet provinciæ, sive apud magistratus, sive apud defensorem cujuscunque civitatis, prout maluerit, publicare. » — Par exception, l'insinuation pourra être faite à Alexandrie devant le *juridicus*, et elle aura la même valeur que si elle était faite *apud moderatorem provinciæ, vel magistratus, vel defensores plebis* (Cod. Just., I, 57, loi unique, entre 467 et 471).

(3) *Ibid.*, VIII, 54, loi 32, prid. kal. maii 496 : « ... nec concedi quemquam vel apud *defensores* seu magistratus aliarum civitatum, vel in aliis quibuscumque locis præter memoratum judicium insinuare. »

(4) Cod. Just., I, 49, loi 1, pr., 5 id. oct. 475.

paraître; mais la novelle de Majorien avait eu le temps d'y être connue et pratiquée. Elle continua de l'être dans les différents royaumes barbares qui s'établirent sur les ruines de l'Empire, jusqu'au jour où les souverains de ces royaumes promulguèrent des codes officiels destinés à leurs sujets gallo-romains, c'est-à-dire jusqu'au début du VIe siècle. A la même époque, l'empereur d'Orient, Anastase, modifiait encore une fois le système d'élection des défenseurs. Il convient donc d'arrêter au début du VIe siècle la période inaugurée par la novelle de Majorien dans l'histoire du *defensor civitatis;* mais il convient aussi, pour poursuivre cette histoire, de distinguer désormais entre l'*Orient* où subsiste la domination impériale, et l'*Occident* d'où elle a disparu.

CHAPITRE II.

Le defensor civitatis en Orient, après la chute de l'Empire d'Occident.

§ I. *Le* defensor civitatis *de l'an 505 à l'an 535.*

9. *Élection, et attributions du* defensor civitatis. — En Orient, une quatrième période s'ouvre avec une constitution de l'empereur Anastase, promulguée au mois d'avril 505. Cette constitution revient purement et simplement au système de recrutement établi en 409. Elle désigne en effet comme électeurs des défenseurs : les évêques, les clercs, les *honorati*, les propriétaires fonciers, et les curiales; la plèbe est de nouveau exclue. En outre, le *defensor* élu non seulement doit être catholique, mais encore il doit affirmer son orthodoxie par une déclaration sous serment, faite en présence d'un prêtre, et enregistrée *apud acta* (1). Il est absolument interdit aux païens, Juifs, Samaritains, et hérétiques de se faire investir de la qualité de défenseurs, « afin, dit vers 520 l'empereur Justin, qu'ils ne puissent pas vexer et juger les chrétiens et les évêques » (2). — La constitution de 505 se trouve

(1) Cod. Just., I, 4, loi 19, 13 kal. maii 505 : « Jubemus eos tantummodo ad *defensorum* curam peragendam ordinari, qui sacrosanctis orthodoxæ religionis imbuti mysteriis, hæc in primis sub gestorum testificatione, præsente quoque religiosissimo fidei orthodoxæ antistite, per depositiones cum sacramenti religione celebrandas patefecerint. Ita enim eos præcipimus ordinari, ut reverendissimorum episcoporum, nec non clericorum et honoratorum, ac possessorum et curialium decreto constituantur. »

(2) Cod. Just., I, 5, loi 12 : « ... ne habeant licentiam vexare aut judicare Christianos aut episcopos. »

insérée au Code de Justinien, en même temps que la constitution de 409, dont elle n'est qu'une reproduction (1). On peut conclure de là qu'aucun changement n'a eu lieu, au point de vue de l'élection du défenseur, depuis l'édit d'Anastase jusqu'à la promulgation du Code de Justinien, ou pour préciser davantage jusqu'à la *Novelle XV* de cet empereur, rendue en 535. C'est donc par un suffrage restreint que le *defensor* fut élu pendant cette période, avec confirmation par les préfets du prétoire, et non plus par l'empereur, comme l'avait voulu Majorien. L'empereur se réserve seulement, comme en 441, le droit d'accepter la démission des *defensores;* encore ces derniers doivent-ils faire viser l'acceptation impériale par le préfet du prétoire (2). L'interdiction faite en 365 de prendre les *defensores* parmi les curiales et les *cohortales*, est renouvelée (3). Enfin les défenseurs doivent rester en fonctions pendant cinq ans, en principe (4).

Au point de vue des *attributions*, le Code de Justinien reproduit, en les modifiant quelque peu, un certain nombre des constitutions publiées par les prédécesseurs de ce prince, en y ajoutant quelques constitutions nouvelles, promulguées par lui-même de 529 à 534. Le Code de Justinien, à la différence du Code Théodosien, étant avant tout une œuvre *législative*, nous fournit l'état précis du droit romain au moment de sa promulgation. Il convient donc de s'y arrêter un instant pour rechercher dans les divers textes qu'il renferme, et dont plusieurs contiennent des interpolations significatives, quelle était la mission dévolue aux *defensores* en l'an 534. Il est facile de constater ainsi les trois résultats suivants : — 1° les défenseurs des cités ont conservé, avec quelques changements, bon nombre de leurs anciennes attributions; — 2° ils en ont perdu quelques-unes; — 3° ils en ont acquis de nouvelles.

1° Les *defensores civitatum* ont d'abord gardé leur mission de protection envers les plébéiens, « qu'ils doivent traiter comme un père traite ses enfants », et aussi envers les décurions. Ils doivent toujours défendre les uns et les autres contre

(1) Cod. Just., I, 55, de defensor. civit., loi 8, pr. (409).
(2) *Ibid.*, loi 10 (441).
(3) *Ibid.*, loi 2 (365).
(4) *Ibid.*, loi 4 (385) : « ... tempus quinquennii spatii metiendum. »

les abus de pouvoir des fonctionnaires impériaux, et veiller notamment à ce que les agents du fisc ne commettent aucune sorte d'exactions à l'égard des habitants des campagnes et des villes (1). Ils continuent aussi à assister à la confection des rôles de l'impôt par les *susceptores* (2), et à vérifier les poids et les mesures dont ceux-ci se servent pour le percevoir (3). En un mot, le *defensor*, comme le disait Valentinien en 392, « ne doit pas cesser de faire honneur à son titre » (4). Pour assurer ce résultat, le *defensor* a toujours le libre accès auprès du gouverneur de la province (5), et le droit d'en référer au préfet du prétoire, au *magister militum*, au *magister officiorum*, et aux deux comtes préposés aux services financiers (6). — Les défenseurs conservent aussi leur juridiction dans les *minores causæ*, limitées, d'une façon expresse cette fois, au taux de cinquante *solidi* (7). Les affaires plus importantes étaient renvoyées au gouverneur. Entre paysans toutefois, il est possible que Justinien ait donné compétence aux défenseurs d'une manière générale pour toute affaire *pécuniaire* (8). En matière criminelle, il est toujours interdit aux *defensores* de prononcer des amendes; mais, à la différence des empereurs de l'an 392, Justinien leur permet d'infliger la torture, pourvu qu'elle ne soit pas trop cruelle (9). — Au point de vue

(1) Cod. Just., I, 55, loi 4 (385), et loi 5 (392). — Cfr. *suprà* nos 3, 5.

(2) Cod. Just., X, 70, loi 10 (389). — Cfr. *suprà* n° 3.

(3) Cod. Just., I, 55, loi 9 (409). — Cfr. *suprà* n° 6.

(4) *Ibid.*, loi 5 (392). — Cfr. *suprà* n° 5.

(5) *Ibid.*, loi 4 (385). — Cfr. *suprà* n° 3.

(6) *Ibid.*, loi 8, § 1 (409). — Cfr. *suprà* n° 6.

(7) Cod. Just. I, 55, loi 1 (365) : « ... in minoribus causis, *id est usque ad quinquaginta solidorum summam*, acta judicialia conficiat. » Les mots en italique sont interpolés. — Cfr. *suprà* n° 3.

(8) Cela semble résulter de la grave mutilation apportée par Justinien à la constitution de Valentinien, de 368 ou 370. Cette constitution est insérée au *Code Just.*, I, 55, loi 3, sous cette forme : « Utili ratione perspectum est, ut innocens, et quieta rusticitas particularis patrocinii, id est *defensoris locorum*, beneficio perfruatur, et apud eum in pecuniariis causis litigandi habeat facultatem. » Ce texte est très différent du texte primitif (cité *suprà* n° 3 en note); et nous sommes porté à voir là le premier germe d'un changement consacré dès 535 par la *Novelle XV* (*infrà* n° 13).

(9) Cod. Just., I, 55, loi 5 (392) : « *Sæviores* non exerceant quæstiones. » Le texte primitif portait : « *Nullas* exerceant quæstiones. » Cfr. *suprà* n° 5.

de la police, les *defensores* restent chargés de dénoncer les soldats qui pénétreraient sur les propriétés privées (1), de prévenir les brigandages (2), de faire conduire au tribunal du gouverneur les criminels qu'on leur amène (3), et de surveiller les *lenones* (4). — Au point de vue municipal et administratif, les *defensores* restent compétents pour insérer *apud acta* les plaintes qui leur sont adressées (5), et pour recevoir, en l'absence des gouverneurs, les déclarations exigées des *fabricenses* (6). — Enfin, au point de vue religieux, les défenseurs doivent encore, à peine de dix livres d'or d'amende, assurer l'exécution de l'édit de 457 contre les sectateurs d'Eutychès et d'Apollinaire (7). Ils doivent de plus refuser leur secours à tout hérétique (8).

2° A part l'exception relative aux *fabricenses*, on peut dire que les *defensores civitatum*, à l'époque de Justinien, ont perdu leurs attributions de police administrative. Ainsi ils n'ont plus à s'occuper des concessions de terres faites aux *Læti*, ni du *cursus publicus*, ni des curiales qui fuient la curie, ni des *collegiati* qui désertent leur collège, ni des navires en partance (9).

3° A côté des anciennes attributions perdues, il faut placer maintenant quelques attributions nouvelles. — En 529, l'empereur défend de mettre personne en prison sans l'ordre des magistrats de Constantinople, des magistrats provinciaux, ou des *défenseurs* des cités (10). — La même année, Justinien enjoint aux évêques d'empêcher les jeux de hasard, prohibés par lui. En cas d'infraction, les évêques devront s'adresser

(1) Cod. Just., XII, 36, loi 11 (384). — Cfr. *suprà* n° 3.
(2) *Ibid.*, I, 55, loi 6 (392). — Cfr. *suprà* n° 5.
(3) *Ibid.*, loi 7 (405). — Cfr. *suprà* n° 5.
(4) *Ibid.*, XI, 40, loi 6 (428). — Cfr. *suprà* n° 6.
(5) *Ibid.*, I, 55, loi 9, § 1 (409). — Cfr. *suprà* n° 6.
(6) *Ibid.*, XI, 9, loi 4 (412). — Cfr. *suprà* n° 6.
(7) Cod. Just., I, 5, loi 8 (457). — Cfr. *suprà* n° 8.
(8) *Ibid.*, loi 5 (428). — Cfr. *suprà* n° 6.
(9) Les constitutions de 399, 400, 409, et 420, qui réglaient ces divers points, ont disparu du Code de Justinien.
(10) Cod. Just., I, 4, De episcopali audientiâ, loi 22, pr., 15 kal. feb. 529 : « Neminem volumus in custodiam conjici absque jussu gloriosissimorum vel illustrium vel clarissimorum magistratuum hujus felicissimæ urbis, vel provinciarum, aut *defensorum civitatum*. »

aux gouverneurs des provinces, aux curateurs des cités, et aux *defensores* pour amener les coupables à résipiscence (1). — En 530, conjointement avec les évêques et les curateurs des cités, les défenseurs sont chargés d'apprécier, quand l'*exactor* la conteste, la solvabilité des fidéjusseurs fournis par les contribuables pour répondre de l'impôt (2). — Ils sont encore chargés, à défaut des gouverneurs, et concurremment avec les évêques, de recevoir en dépôt les redevances emphytéotiques que les bailleurs refusent d'accepter (3). — En 531, une constitution, mentionnée aux *Institutes*, fait pénétrer la protection du *defensor civitatis* jusque dans le cercle de la famille, en le chargeant de nommer un tuteur ou un curateur à tout mineur dont la fortune ne dépasse pas 500 *solidi*. Le *defensor* toutefois ne peut faire cette nomination qu'en présence de l'évêque (4). — Enfin en 534, il est enjoint aux défenseurs de dénoncer aux évêques, métropolitains, et patriarches, à peine de cinq livres d'or d'amende, les diacres, prêtres, ou évêques, qui assisteraient à des spectacles ou participeraient à des jeux profanes (5).

Tel était le droit; voyons maintenant quel était le fait.

(1) *Ibid.*, loi 25, 10 kal. oct. 529 : « Quæ de alea sive, ut vocant, cottis, ac de eorum prohibitione a nobis sancita sunt, ea liceat Dei amicissimis episcopis, et perscrutari, et cohibere, si fiant, et flagitiosos per clarissimos præsides provinciarum, et patres *defensoresque civitatum* ad modestiam reducere. »

(2) *Ibid.*, loi 26, § 6, kal. sept. 530 : « Si vero dubitaverint exactores de fidejussorum fide, facultatibus, aut cautione, in eumdem locum religiosissimus episcopus, et patres civitatis, ac *defensor* conveniant, ac decernant, an idoneus esse fidejussor videatur, etc... »

(3) *Ibid.*, loi 32 (s. d.) : « Differente domino recipere emphyteuma, licentiam habet emphyteuta consignare ipsum... in provinciis apud præsidem, aut, eo non morante ibi, apud *defensorem* aut episcopum civitatis, in quâ est qui recusat, et unius ipsorum assumere testationem. »

(4) *Ibid.*, loi 30, 5 kal. aug. 531 : « ... sed apud illius civitatis *ecdicum* aut strategum, vel in Alexandrina civitate apud ejus juridicum, una cum religiosissimo ejus episcopo, aut aliis etiam publicis personis, si harum copiam habeat civitas, fieri creationes curatorum seu tutorum »; — *Instit. Just.*, I, 20, § 5 : « Nos autem per constitutionem nostram... disposuimus, si facultates pupilli vel adulti usque ad quingentos solidos valeat, *defensores civitatum* una cum ejusdem civitatis religiosissimo antistite, vel alias publicas personas, id est magistratus vel juridicum Alexandrinæ civitatis, tutores vel curatores creare. »

(5) *Ibid.*, I, 4, loi 34 (pr. non. nov. 534), § 5 et § 6.

10. *Nouvelle décadence de l'institution.* — Le fait était lamentable. Sur ce point, le début de la *Novelle XV* ne peut laisser aucun doute, et nous oblige à constater qu'à l'avènement de Justinien l'institution du *defensor civitatis* était tombée de nouveau dans une profonde décadence; et cela, non pas dans une région déterminée, mais dans « une grande partie » de l'Empire. Le nom même de *defensor* était méprisé, « et à tel point, qu'il était devenu plutôt injurieux qu'honorable ». Il faut dire que la belle mission du défenseur n'était alors exercée que par des hommes obscurs, élus plutôt par charité que par un choix motivé. Tout individu qui manquait de moyens d'existence mendiait la place et l'obtenait. Il faut savoir, pour s'expliquer cette ambition, qu'en beaucoup d'endroits les *defensores* recevaient un traitement du fisc; et que, là où ils ne recevaient rien, il était d'usage de leur faire, plus ou moins spontanément, certains cadeaux qui les aidaient à vivre (1). — De tels *defensores*, loin de protéger leurs concitoyens contre les fonctionnaires impériaux, étaient devenus le jouet des gouverneurs. Ils se soumettaient à toutes leurs volontés, et « se montraient attentifs au moindre signe » (2). Les gouverneurs en profitaient pour les révoquer quand il leur plaisait, alors même qu'ils n'avaient commis aucune faute. Ils les remplaçaient alors, souvent moyennant finance (3), par d'autres individus, dont ils faisaient, pour ainsi dire, leurs *loci servatores* (4). Cette façon d'agir se renouvelant fréquemment dans le cours d'une même année, les employés des gouverneurs, les magistrats, et les habitants des cités en étaient arrivés à avoir pour les *defensores* le plus profond dédain (5).

(1) Sur ce point, cfr. *infrà* n° 11, texte et notes.

(2) Cfr. Serrigny, *ibid.*, n° 266.

(3) Arg. Nov. VIII, § 49, *infrà cit.*

(4) On donnait le nom de *loci servatores* à certains délégués que les gouverneurs et autres fonctionnaires choisissaient pour remplir leurs fonctions en leur lieu et place (*locum servare*). Il y avait là un véritable abus que les empereurs, et surtout Justinien, s'efforcèrent de déraciner. Cfr. *Novelles* XVII, ch. x; CXXVIII, ch. xx; CXXXIV, ch. II.

(5) Novelle XV, *De defensoribus civit.*, pr., 16 kal. aug. 535 : « Nunc autem hoc *defensorum* nomen valde conculcatum est in multis nostræ reipublicæ partibus, et ita contemptum, ut injuria quidem potius quam in qua-

Ces défenseurs sans consistance et sans indépendance remplissaient-ils leurs fonctions, sinon d'une façon convenable, au moins avec un certain zèle et une certaine probité? Il n'en était rien. Tout ce qu'ils pouvaient faire était mal fait; et même pour la partie la plus facile de leur tâche, c'est-à-dire pour l'insertion dans les registres municipaux des actes que leur apportaient les particuliers, ils se montraient insuffisants, négligents ou malhonnêtes. Ainsi, à la moindre injonction des gouverneurs, ces *defensores* serviles refusaient de procéder à l'enregistrement. S'ils consentaient à agir, ils commençaient par se faire payer des sommes qui ne leur étaient pas dues; puis, comme ils n'avaient pas d'archives pour conserver leurs registres, les actes qu'ils avaient reçus étaient généralement perdus. D'ailleurs, ceux que par hasard on pouvait retrouver chez eux étaient informes, et par suite indignes de foi (1). — Un tel état de choses appelait évidemment une réforme : elle eut lieu en 535.

§ II. *Les réformes de Justinien* (535).

11. *La Novelle VIII et la Novelle XV.* — Justinien s'occupa d'abord de mettre fin aux exactions financières, dont les *defensores* pouvaient être les victimes ou les auteurs. Dans ce but, il envoya, au mois d'avril 535, à tous les archevêques et patriarches de l'Empire, avec mission de le publier, un édit, où « dans sa compassion pour ses sujets (2) », il défendait aux *defensores civitatum* de rien donner à personne, et de rien

libet jaceat honestate : siquidem fiunt viri quidem obscuri, decreta vero super eis misericordia magis quam electione conficiuntur; quibus enim non est victus et vita sufficiens, isti defensorum emendicantes ordinationem, ad hanc accedunt curam; et pro alio quodam lusu, judicum subjacent voluntatibus. Denique removent eos quando voluerint, aut nihil aut parvissimum delinquentes, et alios in illorum provehunt officium, quasi loci servatores eos defensorum facientes; et hoc in anno frequenter in pluribus agentes, ut et officiales, et civitatum judices, et harum habitatores, in novissimo contemptu defensores habeant; etc..... »

(1) Nov. XV, *ibid.* : « ... Si vero quædam [gesta] conficiantur, primum quidem etiam hæc venumdant; deinde, cum nullum habeant archivum, in quo gesta apud se reponant, deperit quod conficitur; etc... »

(2) Novelle VIII, *Edictum* annexe (kal. maii 535), pr. : « Sic enim nos quidem nostrorum subjectorum miserati, etc... »

recevoir de personne (1). — Il était permis toutefois aux préfets du prétoire de demander aux défenseurs, en leur remettant le brevet de leur élection, quatre sous d'or dans les grandes villes, c'est-à-dire les métropoles, et trois sous d'or dans les autres; mais rien de plus. Quant aux gouverneurs des provinces, ils ne devaient rien exiger (2). — En sens inverse, « pour réprimer et châtier l'avarice des défenseurs », Justinien leur interdisait de réclamer quoi que ce fût de leurs concitoyens, s'ils étaient payés sur les fonds publics. Dans le cas contraire, il leur permettait de recevoir les présents d'usage, « dans les limites fixées par la tradition ». Encore ceux qui les faisaient devaient-ils agir spontanément et non malgré eux, et donner seulement ce qui était suffisant à la subsistance du *defensor* (3). La règle posée, Justinien la sanctionna sévèrement. En cas de prévarication, les *defensores* devaient rendre le quadruple de ce qu'ils avaient reçu, être révoqués de leurs fonctions, et se voir condamnés à un exil perpétuel, précédé d'un châtiment corporel (4). Les gouver-

(1) Nov. VIII, *ibid.*, ch. I, *De defensor. civit.* : « Palam est quia multo magis defensoribus non permisimus nec quidquam accipere, nec dare »; — *Notitia* annexe (17 kal. maii 535), § 49 : « Nec enim defensores vel dare judicibus, nec alteri cuiquam, nec accipere volumus. »

(2) Nov. VIII, *Edictum cit.*, *ibid.* : « Dabunt enim concessis sibi præceptis in foro gloriosissimorum præfectorum, si quidem majores sint civitates, sol. IV, si vero minores sint, sol. III, et ultra hæc nihil »; — *Notit. cit.*, § 49 : « Pro unius cujusque civitatis defensore, si quidem sit metropolis, apud officium gloriosissimorum præfectorum prætoriorum dandi sunt solidi num. IV; si vero alterius civitatis, solidi III; et ultra hæc, nihil. » — *Adde* Novelle XV, ch. VI, pr.

(3) Nov. VIII, *Edictum cit.*, *ibid.* : « Accipient autem nihil ab ullo, si aliquis ex fisco solennis eis quæstus erit; aut si nihil ex fisco percipiunt, nihil ultra quam sacra nostra statutum est constitutione, percipiant »; — *Notit. cit.*, § 49 : « ... nisi quædam sint consuetudinis »; — *in fine* : « Ita et *defensorum* castigare et retinere avaritiam sancimus, et ab eis præsumere a nostris subjectis, nisi secundum quod eis administrat respublica; aut si non est aliquod eis publicum solatium, quantum inculpabilis antiquitas definivit; ut à spontaneis ipsis magis quam ab invitis accipiant, et hoc parum, et quantum eis ad mediocrem sufficit vitæ gubernationem. »

(4) Nov. VIII, *Edictum cit.*, *ibid.* : « Illi quadruplum restituent quod acceperunt, et hac sollicitudine repellentur; insuper exilio perpetuo mulctabuntur; et in corpore castigati, reddent provinciam viris bonis pro malis defendendam »; — *Notit. cit.*, § 49 : « Et quod receperint, quadruplum reddent,

neurs qui auraient laissé s'accomplir ces exactions, s'exposaient de même à une grave punition (1). Enfin, pour assurer autant que possible la répression des méfaits des défenseurs, Justinien chargeait les archevêques de les surveiller sous ce rapport, et de les dénoncer, le cas échéant. L'empereur voulait en effet « qu'aucune infraction ne restât cachée et par suite impunie, et qu'au contraire toute justice fût rendue à ses sujets » (2).

C'était un premier pas de fait dans la voie des réformes; mais Justinien ne s'en tint pas là, et pour bien montrer que « sa sollicitude s'étendait à la fois aux grands et aux petits », il promulgua dès le mois de juillet suivant une longue *Novelle*, entièrement consacrée au *defensor civitatis*, dont l'institution est réorganisée à nouveau, et cette fois de fond en comble (3). Il convient donc de s'arrêter un instant, pour analyser cette *Novelle*, et en montrer la portée. — On peut y distinguer trois sortes de dispositions : les unes établissent un nouveau mode de recrutement des défenseurs; les autres concernent leurs attributions; les dernières, sur lesquelles nous n'insisterons pas, sont simplement destinées à faciliter la transition de l'ancien régime au nouveau.

12. *Recrutement des* defensores civitatum *d'après la Novelle XV*. — Au point de vue du *recrutement*, Justinien commence par décider que personne ne pourra refuser la fonction de *defensor*. Bien plus, « comme au temps passé », c'est aux plus nobles habitants des cités qu'elle sera dévolue, comme pour les récompenser de résider dans les villes. Aucune cause de

et officio soluto, exilium habitabunt continuum »; — *in fine* : « Sciant enim, quia si citra hæc aliquid acceperint, non solum quadrupli subjacebunt pœnæ, sed etiam exilium habitabunt continuum, prius eis plagis corporeis infligendis. »

(1) Nov. VIII, *Not. cit.*, § 49 : « Cum etiam provinciarum judices si hoc neglexerint, et *defensores* sinant rapere, non modicam et ipsi sustinebunt pœnam. »

(2) Nov. VIII, *Edictum cit.*, *ibid.* : « Eritis autem et in hoc custodes vos, et inhibentes quæ contra hæc fiunt, et insinuantes; ut neque lateat aliquid horum quæ delinquuntur, neque latendo sit impunitum; sed omnis æquitas atque justitia nostris subjectis floreat. »

(3) Novelle XV, *De defensoribus civit.*, 16 kal. aug. 535, Joanni præfecto prætoriorum.

dispense n'est admise, pas même l'obtention de la dignité d'*illuster* ou d'un privilège impérial, etc... (1). Quant à l'exclusion qui jusqu'alors avait frappé les curiales, il n'en est plus question (2). — Chaque habitant capable doit à tour de rôle remplir la charge de défenseur. Une fois le rôle épuisé, on revient au premier inscrit, qui doit de nouveau ses services à la cité; et ainsi de suite (3). La liste de roulement (*circulus*) est dressée, et maintenue au courant, en cas de décès, à l'aide d'élections, faites par tous les *possessores* de la *civitas*, auxquels Justinien *ajoute* un peu plus loin « l'évêque, les membres du clergé, et les autres personnes respectables » (4). — Le *defensor* nommé, avant d'entrer en fonctions, doit prêter serment « d'agir en tout selon la loi et le droit ». Il doit ensuite être confirmé, comme dans la période précédente, par le préfet du prétoire (5). Il paiera à cette occasion quatre sous d'or ou trois

(1) *Ibid.*, ch. I, pr. : « Interim illud sciendum est prius, ut nulli hominum sit licentia *defensoris* ordinationem declinare, sed invicem universi nobiliores civitatum habitatores hoc ministerium eis adimpleant : hoc enim, et in prioribus temporibus valuisse, et in reipublica gestum didicimus. Nulli, nec si honoratus sit magnificentissimorum illustrium dignitate, hoc declinare concedimus, nec si militiam habeat honestam, neque si proferat privilegium suum ex divinis formis, vel si pragmatici sint collati » ; — ch. VI, *in fine* : « Convenit enim unumquemque nobilium semper functionem agere civitatum quas inhabitat, et hanc eis conferre habitationis repensationem. »

(2) Cfr. Houdoy, *op. cit.*, p. 650-651.

(3) Nov. XV, *ibid.* : « Sed secundum circulum habitatoribus civitatis, quorum aliqua ratio est hoc implentibus, et dum circulus expletur, rursus revertentibus ad solicitudinem, et civitati prædictam curam ministrantibus. » — Cfr. *ibid.*, ch. V, § 1.

(4) C'est ainsi que nous croyons devoir concilier les deux passages suivants de la *Novelle XV*, passablement obscurs, il faut l'avouer : « *Ch. I, pr :* Decreto quidem cum jurejurando factus omnium possessorum in illa civitate consistentium, sed non in hac urbe degentium » ; — « *Epilogus :* Et electione ejus facienda a Deo amabili episcopo, et venerabili clero, et aliis in civitate bonæ opinioni studentibus. » — M. Fustel de Coulanges (*op. cit.*, p. 593) ne tient compte que du premier passage, et « le défenseur lui apparaît comme l'élu des seuls propriétaires. » Pour M. Diehl, au contraire, qui ne s'attache qu'au second, « le défenseur était élu par l'évêque, le clergé, et les classes élevées de la population urbaine » (*Études sur l'administr. byzantine dans l'exarchat de Ravenne*, Paris, Thorin, in-8°, 1888, p. 103).

(5) Nov. XV, ch. I, § 1 : « Jusjurandum vero præbens, quod omnia secundum legem ac jus agat, et omnium communiter, confirmandus autem, sicut nunc, ex præcepto gloriosissimorum nostrorum præfectorum. » — Par excep-

seulement, suivant une distinction qui nous est connue (1). — Comme sanction, Justinien décide que toute nomination faite en dehors de ces règles, et tout refus formulé sous prétexte d'une dignité, d'un privilège, ou d'une autre raison quelconque, donneront lieu à une amende de cinq livres d'or à payer par le contrevenant au profit de la cité; et après l'avoir acquittée, le contrevenant sera forcé néanmoins de remplir l'office de défenseur (2).

La durée du mandat du *defensor*, antérieurement fixée à cinq ans, est réduite à deux ans (*biennium*). Au bout de ce temps, le *defensor* doit quitter ses fonctions, sauf à les reprendre quand son tour reviendra (3). Mais en principe, il n'est pas rééligible, l'empereur voulant éviter que par des réélections sans cesse renouvelées, on n'en arrive à perpétuer la charge dans les mêmes mains (4). Par exception, et à titre de disposition purement transitoire, les défenseurs en fonctions au moment de la promulgation de la *Novelle*, pourront être maintenus, si personne ne s'y oppose, pendant une nouvelle période de deux ans, soit au maximum pendant quatre ans (5).

tion, les *defensores* de la Sicile, reconquise par Justinien, seront confirmés par le questeur du palais; cfr. sur ce point la *Nov. LXXV* : « Sed et si aliud civile emergat, veluti *defensoris* confirmatio, vel decretum patris civitatis Siciliæ, similiter ad quæstorem referatur, et calculo ipsius confirmetur »; — et la *Nov. CIV* : « Et si *defensorem civitatis* vel patrum creandorum decreta opus sit celebrari, apud eundem illustrissimum virum [quæstorem] celebrentur. » — Cfr. de Savigny, *Hist. du droit romain au moyen âge*, trad. Guenoux, in-8°, Paris, Hingray, 1839, t. I, § 107.

(1) Nov. XV, ch. VI, pr. — Cfr. *suprà* n° 11.

(2) Nov. XV, ch. VI, § 1 : « Si qua vero defensoris præter hæc fiat ordinatio, aut renuerit aliquis defensoris officium in semetipsum veniens, sive dignitatis, sive militiæ, sive privilegii, sive alterius cujuspiam occasione, iste quinque librarum auri subjectus pœnæ, etiam sic post ejus exactionem ad opera civitatis proficientem cogatur defensoris implere solicitudinem. »

(3) Nov. XV, ch. I, § 1 : « In biennio vero administrans solo, et removendus à cura »; — *epilog.* : « Et tunc rursus fiat, quando ipse eum circulus ad hunc adduxerit ordinem. »

(4) Nov. XV, *epil.* : « Ne frequentia et continuatione curæ, et per quamdam machinationem illud semper renovando fiat aliquibus infinita prædicta gubernatio. »

(5) Cfr. sur ce point les explications détaillées fournies par l'*Epilog.* de la Novelle. — M. Diehl (*op. cit.*, p. 103) a tort de faire de cette disposition transitoire une règle générale.

Si un défenseur vient à mourir avant l'expiration du *biennium*, on devra immédiatement nommer *defensor* celui qui est inscrit après lui sur le tableau. Ce dernier entrera en fonctions après avoir prêté serment, et avoir été confirmé par le préfet du prétoire (1). Il est absolument interdit de remplacer le défenseur décédé par un vicaire (*vices agens*). La prohibition du reste est générale : il est défendu dans tous les cas aux gouverneurs de donner ainsi des vicaires aux défenseurs, et à ceux-ci de s'en choisir eux-mêmes. C'eût été en effet, comme l'empereur le fait observer avec raison, préparer un retour facile à l'un des abus qu'il voulait détruire (2). — Pour le même motif, il est également interdit aux gouverneurs de révoquer les défenseurs. Seulement si l'un d'eux prévarique, le gouverneur de sa province pourra le dénoncer au préfet du prétoire, à qui Justinien confère le droit de révocation, « afin, dit-il, que la privation de la charge émane de la même main qui la donne » (3).

Tel est le système d'élection restreinte et mitigée, que consacre la Novelle XV, et dont il est inutile, croyons-nous, de faire ressortir les nombreuses différences avec les systèmes antérieurs.

13. *Attributions nouvelles et caractère nouveau du* defensor civitatis. — Ces différences se retrouvent quand on étudie les attributions des nouveaux défenseurs. A vrai dire, on rencontre ici une transformation à peu près complète. Les défenseurs perdent en effet leur attribution caractéristique, celle que dès l'origine ils avaient toujours exercée : la protection de leurs concitoyens. Il n'en est plus question dans la *Novelle XV*, dont le silence sur ce point est trop en har-

(1) Nov. XV, ch. v, § 1 : « Et si cadere contigerit civitatis *defensorem*, mox ad alium deferri decretum, qui ex circulo vocatur, cum dudum dicto jurejurando, et suscipere quidem mox curam ; decretum vero nuntiari et confirmari a tuo culmine. »

(2) *Ibid.* : « Et nequaquam *defensoribus* vices agentes, sicut prædiximus, dari : ne rursus priori confusioni demus quasi rationabilem occasionem » ; — ch. II : « Nullâ existente licentiâ administratori aut ipsis *defensoribus*, vices agentes defensorum facere ; sed etiam hoc omnibus eis interdicimus modis. »

(3) Nov. XV, ch. I, § 1 : « Non habente licentiam clarissimo provinciæ judice removendi eum ; sed si quid videatur agere non recte, nunciare ad gloriosissimos præfectos, ut inde ei fiat curæ privatio, unde etiam datur. »

monie avec les règles qu'elle contient sur d'autres, pour ne pas être significatif. En revanche, la Novelle confirme et précise les attributions des défenseurs à l'égard des *gesta* municipaux; elle augmente leur *juridiction;* enfin elle leur confère le caractère nouveau de *lieutenant* du gouverneur.

A l'égard des *gesta* municipaux qui réclamaient, on l'a vu, de grandes réformes, Justinien pose en principe que l'insinuation des testaments et des donations, et d'une façon générale tout ce qui concerne l'enregistrement des actes doit se faire *apud defensores*. Les gouverneurs de province, qui se permettaient auparavant d'interdire aux défenseurs de faire ou d'enregistrer tels ou tels actes, sont avertis de ne plus abuser ainsi de leurs pouvoirs, quand même les actes en question seraient dirigés contre eux ou contre quelqu'un des *potentes*. Justinien justifie cette décision en déclarant « qu'il serait absurde de ne pas agir quand cela est nécessaire, à cause des ordres peut-être déraisonnables des gouverneurs », maxime assurément fort libérale, à laquelle l'empereur byzantin ajoute immédiatement ce conseil : « Les hommes qui font partie des administrations ou qui sont revêtus d'un pouvoir quelconque, au lieu de prohiber les actes qui leur sont défavorables, feraient mieux, par une conduite irréprochable, de ne donner aucun sujet de plainte contre eux. » Il n'est pas sans intérêt de recueillir, sous la plume d'un monarque absolu, ces aveux, susceptibles en tout temps de plus d'une application (1). — Justinien organise ensuite les *archives* municipales. Il enjoint d'aménager dans chaque cité un édifice public où les *defensores* déposeront leurs registres. Ces registres devront être placés sous la surveillance d'un gardien spécial, combinaison qui permettra « de les conserver intacts, et de les consulter facilement » (2).

Le défenseur de la Novelle XV n'est pas seulement un « re-

(1) Nov. XV, chap. III, pr., en entier : « Et agi apud *defensores* testamentorum insinuationes, et donationum, et quicquid aliud est monumentorum proprium : non valente clarissimo provinciæ judice prohibere quod agendum est, aut præcipere, quia non velit aliquid agi, aut actum non edi; etc... »

(2) Nov. XV, ch. V, § 2 : « ... ut in civitatibus habitatio quædam publica distribuatur, in qua conveniens est *defensores* monumenta recondere, eligendo quemdam in provincia qui horum habeat custodiam, quatenus incorrupta maneant hæc, et velociter inveniantur a requirentibus. »

ceveur d'enregistrement »; il est aussi un *juge*, et il possède sous ce rapport une compétence à la fois civile et criminelle. — En matière *civile*, il peut connaître de toutes les affaires pécuniaires jusqu'au taux de *trois cents* sous d'or, et non plus seulement de cinquante, comme auparavant. Sa compétence est même dans ces limites exclusive de celle du gouverneur (1). Il est défendu au demandeur de majorer la valeur du procès, dans le but unique de nuire à son adversaire, en l'entraînant devant le tribunal du gouverneur. En pareil cas, si la sentence rend manifeste que la valeur litigieuse était moindre de 300 sous d'or, et n'a été estimée plus haut qu'afin d'éluder la compétence du défenseur de la cité, Justinien veut que les dépens soient mis en entier à la charge du demandeur (2). Toutefois, le *defensor* ne juge qu'en premier ressort; et l'on peut interjeter appel de ses sentences devant le gouverneur de la province (3). Il faut ajouter qu'en principe le défenseur juge seul; mais si les parties le désirent, il devra juger conjointement avec l'évêque (4). — En matière *criminelle*, les *defensores* deviennent compétents pour juger les petits délits et infliger la peine encourue (5). Ils doivent par exemple réprimer les infractions commises par les particuliers à l'encontre du monopole des *fabricenses;* en cas de négligence ou de complicité, ils s'exposent à une amende de trois livres d'or et à la peine capitale (6). Pour les crimes plus graves, les défenseurs doi-

(1) Nov. XV, ch. III, § 2 : « Et judicare in causis omnibus pecuniariis usque ad aureos trecentos; etc... » — Sur cette compétence, cfr. Cujas, *op. cit.*, t. III, col. 55-56.

(2) Nov. XV, ch. IV, en entier : « ... Solum actorem omni litis subdi dispendio. »

(3) Nov. XV, ch. V, pr. : « Et à *defensoribus* appellationes ad ipsos fieri judices. »

(4) Nov. LXXXVI, ch. VII : « Si vero litem habentes voluerint *defensorem* una cum sanctissimo episcopo judicare, et hoc agi præcipimus. » Cette novelle n'est pas datée, mais elle est de Justinien, et doit être à peu près contemporaine de la Nov. XV.

(5) Nov. XV, ch. VI, § 1 : « Audient quoque leviora crimina, et castigationi competenti contradent. »

(6) Nov. LXXXV, Justiniani (s. d.), ch. III, § 1 : « *Defensores* autem et patres civitatum trium librarum auri mulctari pœna, et in capite sustinere periculum, si quod tale factum comperientes non punierint, aut hoc agere valentibus non nuntient, sed latere permiserint. »

vent seulement faire arrêter les coupables, et les envoyer au gouverneur. « De cette façon, dit Justinien, chaque cité jouira du bienfait de la justice » (1).

Enfin l'empereur, — et c'est peut-être là l'idée-mère de la Novelle XV, — fait du *defensor civitatis* le lieutenant du *præses provinciæ*. « Il est utile, dit-il en propres termes, que les défenseurs prennent dans la cité le rôle des gouverneurs dans la province; qu'ils soient plutôt les gouverneurs que les défenseurs des cités » (2). Cela sera fort avantageux pour les *præsides*, dont le prestige sera augmenté, « puisqu'ils auront à gouverner des gouverneurs » (3), et dont les soucis seront diminués, « puisque les *defensores* assumeront une partie de leurs devoirs » (4). Aussi Justinien leur défend-il de se donner dans les cités d'autres lieutenants que les défenseurs eux-mêmes. C'est à ces derniers seulement qu'est confié le soin « de suppléer le *præses* dans la cité où ils résident, en portant leur attention sur toutes choses » (5). Comme lieutenant du gouverneur, le *defensor civitatis* doit prêter son concours à ceux qui sont chargés de recueillir les

(1) Nov. XV, *ibid.* : « Et eos qui in majoribus criminibus capiuntur, detrudent in carcerem, et mittent ad provinciæ præsidem, etc... »

(2) Nov. XV, *præf.* : « Fit enim sic congruentia utilis, si *judicum* sumant officium civitatum defensores »; — ch. 1, pr. : « ut in unâquaque civitate defensor *judex* potius quam defensor esse videatur. » Le mot grec traduit ici par *judex* est ἄρχων. M. Diehl y voit une allusion aux magistrats municipaux et non au gouverneur, ce qui l'amène à déclarer (*op. cit.*, p. 102) que le *defensor* « est devenu dans la cité un véritable magistrat, et qu'il remplace le *magistratus* absent dans toutes les affaires de sa compétence ». Il invoque à l'appui les ch. 1 et 3 de la Novelle. Il est possible que dans le *chap.* 1, ἄρχων signifie *magistrat municipal;* mais il ne peut pas avoir ce sens dans le *chap.* 3, ni surtout dans les *chap.* 2 et 6, § 1, où on ne peut le traduire autrement que par *gouverneur,* sens qu'il a manifestement dans beaucoup d'autres passages de la *Novelle.* — Cfr. Lécrivain, *op. cit.*, p. 108.

(3) Nov. XV, *præf.* : « Et provinciæ præses videbitur quidem judex judicum potius esse, et hoc honestior præcedentium apparere. »

(4) Nov. XV, ch. VI, § 1 : « Et rescindentur plurimæ *judicum* curæ, cum civitatum defensores in semetipsis eas imponunt, et levigant præsidum quas pro omnibus hominibus habent solicitudines, etc... »

(5) Nov. XV, ch. II : « Sed neque proprias vices agentes per civitates clarissimos judices destinare, nisi ipsos *defensores,* quos judicum officium complere in civitatibus volumus; ipsos quoque in omnibus diligentiam adhibere civitatibus in quibus sunt. »

impôts, disperser les attroupements, « en un mot remplacer complètement le gouverneur, surtout quand il est absent » (1). Dans ce dernier cas, il le remplace même, semble-t-il, au point de vue de la juridiction (2). De plus, tous les *officiales* de la province qui se trouvent sur les lieux, lui doivent alors obéissance, en sorte, dit Justinien, que « la cité ne souffre en rien de l'absence du gouverneur, grâce à la présence du défenseur » (3). En tout temps d'ailleurs, les *officiales* doivent s'abstenir à l'égard des défenseurs de ces procédés injurieux dont ils avaient pris l'habitude; sinon, ils seront châtiés par le gouverneur lui-même. Si celui-ci négligeait de le faire, les défenseurs pourraient en référer au préfet du prétoire, qui leur prêterait son appui, et leur ferait rendre justice (4). — Enfin, pour l'aider dans l'accomplissement de ses nouvelles fonctions et exécuter ses ordres, le *defensor civitatis* aura désormais, attachés à sa personne, un greffier et deux employés choisis dans l'*officium* du gouverneur (5).

14. *Le* defensor civitatis *après Justinien.* — On voit par ce qui précède combien est grave le changement apporté par la *Novelle XV* dans l'administration municipale : la *civitas* devient une subdivision pure et simple de la province; et elle est désormais *gouvernée* par le *defensor*, véritable *judex civi-*

(1) *Ibid.*, ch. III, § 1 : « Deinde et his qui publicas exactiones habent, *civitatum defensores* omnibus auxiliari modis..., et his ipsis testimonium perhibere, vel publicum removere tumultum, et absolutè judicum obtinere ordinem, et maxime quando absunt. »

(2) C'est ce qu'on peut induire du passage suivant (Nov. LXXXVI, ch. VII) : « In civitatibus autem in quibus non sunt *judices*, jubemus eos qui habent causas, adire *defensorem*, et ipsum discernere inter eos. » — L'*Epitome* de Julien traduit ainsi : « In civitatibus, in quibus *præsides* præsto non sunt, adeant litigatores defensorem civitatis, et ille audiat causas. »

(3) Nov. XV, *ibid.* : « Et officiales provinciæ quicumque in civitate sunt illa in qua *defensor* est, obedire illi, et adjuvare, ut absentibus præsidibus gentium, nihil videatur deesse civitatibus sub illorum præsentia. »

(4) Nov. XV, ch. V, pr. : « Si vero egerint aliquid injuriosum circa *defensores* officiales, tunc provinciarum præsides ulcisci et castigare officiales [possint]. Licentiam enim damus defensoribus, si hoc neglexerint præsides gentium, sedis tuæ eminentiæ huc nunciare, ut inde detur auxilium eis, et vindicta competens. »

(5) *Ibid.*, ch. III, § 1 : « Ex provinciali autem officio habere et exceptorem eis administrantem, et duos officiales, qui ea quæ ab eis decernuntur, adimpleant. »

tatis placé dans la dépendance du *judex provinciæ*, et qui se substitue ou tout au moins s'ajoute aux autres autorités municipales. L'autonomie de la cité s'en va, et le vrai *defensor civitatis* n'existe plus dans l'empire d'Orient (1). Il serait donc sans intérêt d'en poursuivre l'histoire, alors même que les documents nous le permettraient; mais après Justinien les documents font défaut.

On peut constater toutefois que les municipes subsistent, au moins de nom, pendant quatre siècles encore; mais en réalité ils ne sont plus qu'une vaine apparence de ce qu'ils étaient autrefois. « Quelques empereurs firent, pour les relever, des tentatives sans succès; mais enfin les progrès du despotisme central furent tels, et la vanité des formes de liberté devint si évidente, que vers la fin du IXe siècle, l'empereur Léon, dit le Philosophe, abolit d'un seul coup le régime municipal tout entier » (2). Ce régime déchu entraîna vraisemblablement dans sa chute le *defensor civitatis*, devenu inutile; car, comme le dit fort bien Léon le Philosophe, « les choses civiles en étaient venues à ce point de dépendre *uniquement* de la sollicitude des empereurs » (3). C'était le triomphe de la centralisation, et ce fut la ruine des libertés locales.

(1) Cfr. Houdoy, *op. cit.*, p. 651.

(2) Guizot, *Essai sur l'hist. de France,* 13e édit., in-12, Paris, 1878, p. 21.

(3) *Nov. Leonis*, 46 : « Curiis autem privilegium, ut quosdam magistratus constituerent, suaque auctoritate civitates gubernarent, præbuerint. Quæ nunc, eo quod res civiles in alium statum transformatæ sint, omniaque ab una imperatoriæ majestatis solicitudine atque administratione pendeant, tanquam incassum circa legale solum oberrent, nostro decreto illinc submoventur. »

CHAPITRE III.

Le defensor civitatis en Occident après la chute de l'Empire.

Revenons maintenant à l'Occident, et voyons ce qu'est devenue l'institution du *defensor civitatis* dans les principaux royaumes barbares : ostrogoth, wisigoth, burgunde, et frank, qui se sont établis sur les ruines de l'Empire. Au moment où celui-ci disparut, en 476, c'était, comme on l'a vu (*suprà* n° 8), la *Novelle* de Majorien qui réglait la condition du *defensor*, à qui elle confirmait son double caractère de protecteur chargé de défendre la plèbe contre les fonctionnaires impériaux, et de magistrat municipal chargé, dans une certaine mesure, du service des *gesta*. Ce double caractère ne devait pas persister partout. Les textes qui nous sont parvenus permettent, en effet, de constater que le *defensor civitatis* prend de plus en plus, dans les différents royaumes germaniques, le caractère d'un magistrat municipal ayant pour attribution principale la gestion des *acta* municipaux, jusqu'au jour où il a fini par disparaître, un peu plus tôt ou un peu plus tard, suivant les pays. C'est dans la Gaule franke qu'il paraît avoir persisté le plus longtemps; aussi croyons-nous d'une bonne méthode d'étudier d'abord sa destinée en dehors de l'empire frank.

§ I. *Le* defensor civitatis *en dehors de l'empire frank.*

15. *Le* defensor civitatis *en Italie, sous les Ostrogoths et les Lombards.* — Commençons par l'*Italie*, où, depuis 493, Théodoric, roi des Ostrogoths, avait fondé un royaume important. Divers documents prouvent que Théodoric n'a rien changé aux institutions romaines (1). En particulier, les curies municipales et le *defensor civitatis* subsistent sous son règne. Deux passages de l'édit qu'il promulgua en 500, et une formule spéciale recueillie par son premier ministre Cassiodore, font en effet allusion au *defensor*, dont ils indiquent quelques attributions (2).

Il résulte de ces deux documents que, sous la domination des Ostrogoths, le *defensor* était nommé par le roi, « sur la supplication de ses concitoyens » (3); c'est, à très peu de chose près, le système de Majorien, qui consiste, on le sait, dans une élection confirmée par l'empereur. Pour défenseurs, on ne doit choisir que les plus renommés parmi les hommes sérieux et de bon conseil; car, dit Cassiodore, « si les simples particuliers prennent déjà de tels hommes pour faire leurs affaires, ne doit-on pas prendre les meilleurs de tous pour faire les affaires des cités? S'il est dangereux déjà de tromper l'attente d'un particulier, ne l'est-il pas davantage de tromper celle de tant de gens? C'est un honneur de bien gérer les intérêts du public, et de savoir répondre aux désirs de tous » (4).

En ce qui concerne les *attributions* du défenseur, Cassiodore en indique une nouvelle, dont les constitutions impériales ne parlent pas. Le défenseur doit régler, « selon les temps et avec une équitable modération », les conditions des transac-

(1) Cfr. Muratori, *Antiq. Ital. medii ævi*, Milan, in-f°, t. I (1738), col. 981; — Raynouard, *op. cit.*, p. 304 et suiv.; — Diehl, *op. cit.*, p. 93.

(2) *Edictum Theodorici*, art. 52, 53; — Cassiodore, *Formulæ*, 2e partie, n° XI, *form. defensoris cujuslibet civitatis*, dans ses *Variæ Epistolæ*, lib. 7; — [dans Canciani, *Barbarorum leges antiquæ*, t. I, p. 8 et p. 42].

(3) Cassiodore, *loc. cit.* : « *Defensorem* te itaque illius civitatis per indictionem illam, civium tuorum supplicatione permota, nostra concedit auctoritas. »

(4) *Ibid.* : « Si ad cujuslibet negotiorum peragendum talis eligitur, qui consilio et gravitate laudetur, quanto eo præstantior esse debet qui suscipit negotia civitatis? Nam si periculum est unum decipere, quod erit, imparem tantorum judicio extitisse? Causa enim multorum bene acta nobilitat : quando totum bono proposito agere creditur, qui generalibus desideriis adesse sentitur. »

tions commerciales dans la cité; c'est-à-dire qu'il doit fixer les prix de vente des denrées et des marchandises, et veiller avec le plus grand soin à l'observation des tarifs qu'il aura dressés (1). Cette attribution, signalée ici pour la première fois, a dû s'introduire dans l'usage par la force des choses (2), et comme une conséquence naturelle de ce rôle de protecteur de ses concitoyens, qui appartenait au défenseur. C'est ce que semble indiquer Cassiodore lui-même, en disant au *defensor* (3) : « Tu rempliras le rôle d'un bon défenseur, si tu empêches tes concitoyens d'être opprimés par les lois ou ruinés par la cherté des vivres » (4).

L'édit de Théodoric ne s'occupe du défenseur qu'à propos des *gesta* municipaux. Sur ce point, l'édit consacre un système semblable à celui de la constitution rendue en 459 par l'empereur Léon (*suprà* n° 8). Les particuliers qui voudront faire une *donation* d'immeubles, urbains ou ruraux, devront s'adresser, pour la faire insinuer, soit aux magistrats municipaux, *duumviri* ou *quinquennalis*, assistés de trois curiales, soit au *defensor civitatis*, assisté également de trois curiales. A défaut de magistrats ou de défenseur, on peut recourir au gouverneur de la province (5). Pour les traditions en suite de *ventes*, on suit le même système; seulement Théodoric ajoute qu'à défaut des magistrats ou du *defensor*, la présence de

(1) Cassiodore, *loc cit.* : « Commercia civibus secundum temporum qualitatem, æquabili moderatione dispone. Definita serva, quæ jusseris; quia non est labor vendendi summas includere, nisi statuta pretia castissime custodire. »

(2) Déjà, sous Marc-Aurèle, les décurions avaient pris l'habitude de taxer les grains, et l'empereur est obligé de le leur défendre (Dig., XLVIII, 12, loi 3, § 1).

(3) Cassiodore, *ibid.* : « Imples enim re vera boni *defensoris* officium, si cives tuos nec legibus patiaris opprimi, nec caritate consumi. »

(4) A cette explication, on peut objecter, il est vrai, qu'une attribution analogue est reconnue par Cassiodore au *curator civitatis*, qui n'a jamais passé pour le protecteur de sa cité. — Autre difficulté : Quelle est la compétence respective du *curator* et du *defensor* au point de vue de la fixation des tarifs? Cassiodore ne le dit pas. — Cfr. sur ce point : Lécrivain, *Remarques sur les form. du curator et du def. civit. dans Cassiodore*, dans les *Mélanges d'archéol. et d'histoire*, Paris, tome IV (1884), p. 133 et suiv.

(5) *Edictum Theodor.*, § 52 : « Si vero prædium rusticum aut urbanum quisquam libero arbitrio conferre voluerit, scriptura munificentiæ, etiam tes-

trois curiales suffira (1). Enfin pour les *testaments*, Théodoric se contente de dire qu'on les insinuera « suivant les lois » (2). — Ces décisions étaient suivies dans la pratique; on en a la preuve dans divers actes d'insinuation contemporains de la domination des Ostrogoths en Italie. En 540, notamment, certains immeubles situés à Faënza ayant été vendus, les contrats de vente sont présentés pour être enregistrés « au *défenseur*, aux magistrats et à tout l'ordre de la curie de la cité de Faënza » (3). Vers la même époque, à Ravenne, le testament de l'évêque est insinué, en présence de plusieurs magistrats municipaux, par *Melminius Andrea*, défenseur de la cité (4).

On peut donc dire, qu'à part son attribution relative à la taxe des denrées, le *defensor civitatis* est resté chez les Ostrogoths ce qu'il était avant leur entrée en Italie. Aussi M. Lécrivain nous paraît-il aller trop loin quand il dit : « Dans la formule de Cassiodore, le *defensor* possède à un plus haut degré que dans les textes du Code Théodosien le caractère de magistrat régulier. Il semble qu'en Occident, ou du moins en Italie, il ait dès lors acquis naturellement la situation que la réforme à peu près contemporaine de Justinien lui donne en Orient » (5). Ceci ne peut être admis, car on a vu plus haut

tium subscriptionibus roborata, gestis municipalibus allegetur; ita ut confectioni gestorum præsentes adhibeantur tres curiales, aut [et] magistratus, aut pro magistratu *defensor civitatis* cum tribus curialibus, aut duumviri, aut quinquennalis; etc... »

(1) *Ibid.*, § 53 : « De traditione vero quam semper in locis secundum leges fieri necesse est, si magistratus, *defensor*, duumviri aut quinquennalis forte defuerint, ad conficienda introductionum gesta, tres sufficiant curiales, etc... »

(2) *Ibid.*, § 72 : « Testamenta, sicut leges præcipient, allegentur. »

(3) Marini, *I papiri diplomatici*, Rome, 1805, in-f°, n°s 115, 116 : « Item inserendam epistulam traditionis data ad municipes civitatis Faventine., dominis prædicabilibus et colendis parentibus *defensori* mag. ql. cunctoque ordini curiæ civ. Faventine »; — « Dominis prædicabilibus et colendis parentibus def. mag. ql. cunctoque ordini curiæ civitatis Faventinæ... » [540.] — Cfr. De Savigny, *ibid.*, p. 228-229.

(4) *Texte* cité par Raynouard, *ibid.*, p. 310, note 1 : « Et iterùm mag. presentibus Firmano Urso v. l. Melminio Tranquilo v. l. pro Johanne filio Studentio v. l. Pompulio Severo v. l. pro Melminio Cassiano jun. principalibus... apud Melminium Andream v. c. def. civ. Rav., etc... » [552].

(5) Lécrivain, *loc. cit.*, p. 137-138.

combien la *Novelle XV* avait modifié le caractère antérieur du défenseur. Mais il faut dire que si le défenseur n'avait pas encore sous les Ostrogoths la situation que Justinien lui a faite en Orient, il n'allait pas tarder à se la voir attribuer. — En 554, en effet, Justinien, ayant reconquis l'Italie, chargea Narsès d'y promulguer son Code et ses Novelles. La *Novelle XV* y fut ainsi mise en vigueur et dut être obéie par toute l'Italie, jusqu'en 567 (1).

A cette date, les *Lombards* envahissent la péninsule et y fondent un nouveau royaume germanique, comprenant à peu près la moitié de l'Italie. Dans ce royaume, les institutions romaines subsistèrent au point de vue du droit *privé*, en vertu du principe de la personnalité des lois, admis par les lois lombardes, comme par toutes les lois germaniques. Mais, au point de vue du droit *public*, les Lombards n'imitèrent pas les Ostrogoths. Ils substituèrent leurs propres institutions à celles des Romains et remplacèrent les anciens fonctionnaires par des fonctionnaires lombards : comtes, vicomtes, *guastaldi*, etc... (2). Dans ce nouvel ordre de choses, il n'y avait plus place pour le *defensor civitatis*, qui dut disparaître, et qui ne fut vraisemblablement pas rétabli par Charlemagne, lorsqu'il soumit au VIIIe siècle le royaume lombard ; car aucun document de cette époque et de cette région n'en fait mention.

Le *defensor civitatis* subsista, au contraire, dans les portions de l'Italie conservées par les empereurs d'Orient, notamment dans l'exarchat de Ravenne et dans le territoire de Rome, où divers textes attestent la persistance prolongée des *gesta* municipaux (3). Malheureusement ces documents ne mentionnent pas le *defensor* lui-même ; et il est difficile de savoir à quel moment l'institution de ce magistrat a pris fin. Il y a vraisemblance qu'au VIIIe siècle il n'en était plus question (4).

16. *Le* defensor civitatis *en Aquitaine et en Espagne, sous les Wisigoths.* — Dans le royaume wisigoth, qui, fondé en

(1) Cfr. Diehl, *op. cit.*, p. 94 et suiv.

(2) Muratori, *op. cit.*, t. I, col. 983. — Cfr. toutefois : De Savigny, *ibid.*, n° 120 et suiv.

(3) On trouvera ces textes rassemblés dans Raynouard, *op. cit.*, t. I, p. 310 à 315, en note.

(4) Cfr. sur ce point : Diehl, *op. cit.*, p. 110-111.

Aquitaine au début du ve siècle, avait fini par s'étendre à travers l'Espagne jusqu'au détroit de Gadès, le *defensor civitatis* non seulement fut maintenu après la chute de l'empire d'Occident, mais reçut même un accroissement de pouvoirs. Le *Bréviaire d'Alaric*, promulgué en l'an 506, permet de se faire une idée du système suivi à cet égard en Aquitaine et en Espagne, à l'époque même où l'empereur Anastase réformait en Orient la Novelle de Majorien.

Le *Bréviaire d'Alaric* contient, en effet, un titre spécial au *defensor civitatis* (1), et dans ce titre se trouvent reproduites plusieurs constitutions empruntées au Code Théodosien. — La première est celle de l'an 387, qui déclare que les défenseurs doivent être élus par les *cités*, c'est-à-dire, suivant l'*interpretatio* ajoutée à la loi, par le vote de *tous* les citoyens (2). Les empereurs frappaient d'une amende de cinq livres d'or le défenseur élu, convaincu de brigue; le roi wisigoth édicte la même peine contre celui qui s'emparerait de l'office de défenseur de son autorité privée, *sans élection préalable* (3). — Le *Bréviaire d'Alaric* dispose en outre que nul curiale ne pourra devenir défenseur qu'après avoir géré dans l'ordre voulu toutes les charges municipales. Cette règle est empruntée à une constitution édictée par Constantin, en l'an 331, pour le *curator reipublicæ*, à une époque où le *defensor civitatis* n'existait pas encore. Elle constitue une innovation assez grave, que le droit romain n'a pas connue (4). — Enfin, le *defensor* chez les Wisigoths semble avoir été pourvu d'un *officium*, qu'il n'a obtenu en Orient qu'en 535 (5).

(1) *Lex romana Wisigoth.*, lib. I, tit. X (XI), éd. Hænel.

(2) *Ibid.*, loi 1, *interpr.* : « Hi instituantur civitatum *defensores*, quos consensus civium et subscriptio universorum elegisse cognoscitur ». — On a soutenu que cette interprétation *corrigeait* le texte de 387; à notre avis, elle ne fait que le *traduire* en d'autres termes. Cfr. *suprà* n° 4.

(3) *Ibid.* : « Quod si quis defensorum ad hanc rem cupiditate propria, non interveniente decreto, pervenisse probabitur, pro hac præsumptione quinque libras auri fisco inferre cogatur. »

(4) Cod. Theod., XII, 1, loi 20 (331) : « Nullus decurionum ad procurationes, vel curas civitatum accedat, nisi omnibus omnino muneribus satisfecerit patriæ, vel ætate, vel meritis... »; —*Interpr.* de la *Lex rom. Wisig.* : « Ista lex hoc jubet, nullum *curialem*, nisi omnibus curiæ officiis per ordinem actis, aut curatoris, aut *defensoris* officium debere suscipere. »

(5) *Lex rom. Wisig.*, lib. III, tit. 19, loi 4 : « ... vel defensore cum officio

Alaric recommande ensuite aux *defensores*, comme les empereurs de l'an 392, dont il reproduit les constitutions, « de se montrer toujours dignes de leur nom, en défendant avec la plus grande équité la curie et la plèbe confiées à leurs soins ». Il ajoute qu'ils ne doivent ni condamner ni frapper les *innocents* (1); il en résulte *à contrario* qu'ils peuvent condamner et frapper les coupables, ce que ne leur permettait pas la législation de 392 (2). — Cette même législation enjoignait aux défenseurs de prévenir les brigandages par une surveillance active, et de lutter contre la formation des *patrocinia*, qui pouvaient assurer l'impunité aux malfaiteurs; mais les défenseurs n'avaient pas le droit de juger eux-mêmes les coupables arrêtés (3). Il n'en est plus de même sous Alaric II. « Dans l'intérêt de l'ordre, les défenseurs deviennent des juges », chargés de châtier les voleurs sans délai, et prévenus d'avoir à éviter toute négligence et à s'abstenir de toute vénalité (4). Les défenseurs sont encore déclarés compétents, en matière criminelle, pour connaître de tous les petits délits, tels que la fuite d'un seul esclave, l'enlèvement d'un cheval, l'envahissement d'une terre ou d'une maison de médiocre importance, un vol certain, etc. Seuls, les crimes plus graves doivent être déférés au *rector provinciæ*, c'est-à-dire ici au comte (5). Les attributions judiciaires du *defensor* ont été,

suo. » Cfr. *suprà* n° 13, *in fine*. — Il assiste avec cet *officium* aux inventaires des pupilles, conformément à une constit. de 396 (Cod. Theod., III, 19, loi 6).

(1) *Ibid.*, loi 2 (loi 7, Cod. Theod., I, 29, ed. Hænel), *interpret.* : « *Defensores* secundum suum nomen curiam vel plebem sibi commissam cum omni justitia et æquitate defendant; nullum de innocentibus aut condemnare aut verberare præsumant. »

(2) Cfr. *suprà* n° 5.

(3) Cfr. *suprà* n° 5.

(4) *Lex rom. Wisig.*, *ibid.*, loi 3 (Cod. Theod., *ibid.*, loi 8), *interpret.* : « Per omnes provincias tales pro studio disciplinæ judices ordinentur, ut cum omni sollicitudine in reos et latrones, remotis potentum patrociniis, districtionem debitam exercere non differant; ne per negligentiam suam aut venalitatem crimina, quæ debent puniri, proficiant. »

(5) *Lex rom. Wisig.*, lib. II, tit. 1, loi 8, *interpret.* : « Quoties de *parvis criminibus*, id est unius servi fugâ aut sublati jumenti, aut modicæ terræ seu domus invasæ, vel certi furti, id est detenti aut preventi, sub criminis nomine actio fortasse processerit, ad *mediocres judices* qui publicam disciplinam observant, id est, aut *defensores*, aut assertores pacis, vindictam ejus rei decerni-

on le voit, sensiblement augmentées par les Wisigoths, qui ont devancé sous ce rapport les empereurs d'Orient (1). On peut dire que dans l'organisation judiciaire des Wisigoths, le comte est le juge ordinaire, et le *defensor civitatis* le juge inférieur (2).

Le *Bréviaire d'Alaric* était à peine promulgué que Clovis enlevait l'Aquitaine aux Wisigoths et les refoulait en Espagne, dont ils achevèrent la conquête pour se dédommager. Nous verrons plus loin quelle a été la destinée du *defensor civitatis* en Aquitaine, sous la domination des Franks (*infrà* n°s 18-22). En *Espagne*, où le *Bréviaire d'Alaric* demeurait en vigueur dans son intégrité, l'institution du défenseur se maintint d'abord, et pendant plus d'un siècle, avec l'organisation que nous venons de résumer (3). Mais à partir du règne du roi Reccarède, le droit romain perdit peu à peu du terrain en présence de la loi wisigothique, et un édit du roi Recessuinthe (mort en 672) finit par l'abroger. — Cette abrogation, toutefois, n'entraîna pas la disparition du *defensor*. Il avait été accepté par le droit wisigoth, et une constitution du roi Chindaswinde (642-649) le mentionne expressément parmi les nombreux juges de son époque (4). Seulement, à cette époque même, une réforme était devenue nécessaire. Déjà, vers 625, Isidore de Séville qualifiait certains défenseurs d'*oppres-*

mus pertinere. Ad rectorem vero provinciæ illud negotium criminale perveniat, ubi de personarum inscriptione agitur, vel major causa est, quæ non nisi ab *ordinario judice*, recitata legis sententia debeat terminari. » — Le *Bréviaire d'Alaric* reproduit encore, malheureusement sans *interpretatio*, la constitution de l'an 400, qui charge les défenseurs de prévenir l'usage illégal du *cursus publicus* [lib. VIII, tit. 2, loi 1].

(1) La *Novelle XV*, de 535, donne compétence aux défenseurs pour les *leviora crimina;* cfr. *suprà* n° 13.

(2) *Lex rom. Wisig., ibid.* : « ... mediocres judices, id est defensores;... ab ordinario judice... » — Cfr. Ginoulhiac, *op. cit.*, n° 161, *in fine*.

(3) Au début du VIIe siècle, Isidore de Séville (*Origines*, IX, 4) définit ainsi les défenseurs : « ... Defensores dicti, eo quod sibi plebem commissam contra insolentiam improborum defendant. »

(4) *Lex Wisigoth.* (*Forum judicum*), lib. II, tit. 1, n° 26 : « ... ideo dux, comes, vicarius, pacis assertor, tyuphadus, millenarius, quingentenarius, centenarius, decanus, *defensor*, numerarius, et qui ex regia jussione, aut etiam ex consensu partium, judices in negotiis eliguntur, ... judicis nomine censeantur ex lege; etc... » [Dans Walter, *Corpus juris germ.*, t. I, p. 438.]

seurs (1). Un peu plus tard, le roi constate qu'ils « changeaient tous les ans dans les cités, au grand dommage des populations » (2). Il faut voir là, selon toute apparence, un effet de la pression des comtes, dont les défenseurs achetaient la complaisance ou subissaient les exactions. Ces mêmes abus s'étaient déjà produits en Orient sous Justinien, qui les avait réprimés par la *Novelle VIII* (*suprà* n° 11). Le roi Recessuinthe, voulant les réprimer à son tour, s'empressa d'imiter cette *Novelle VIII*, qu'il avait pu facilement connaître; car une partie de l'Espagne méridionale avait été reconquise par Justinien en 550, et n'avait été reprise par les Wisigoths qu'en 624 : les *Novelles* de Justinien avaient donc pu y être appliquées pendant plus d'un demi-siècle. Quoi qu'il en soit, Recessuinthe déclare que les défenseurs seront désormais élus « par l'évêque et par le peuple », et qu'ils devront s'abstenir de payer quoi que ce soit au *judex*, c'est-à-dire au comte. Ce dernier devra s'abstenir, de son côté, de rien accepter, et surtout de rien exiger d'eux, sous peine d'être révoqué et condamné à dix livres d'or d'amende au profit du fisc (3). — Après Recessuinthe, il est difficile de savoir, faute de documents, ce que devinrent les *defensores* de l'Espagne, et à quelle époque précise ils ont disparu. Il y a lieu de penser, toutefois, qu'ils n'ont pas survécu à la destruction du royaume wisigoth par les Arabes (714).

17. *Le* defensor civitatis *dans le royaume burgunde.* — Dans le royaume burgunde, fondé en 413 et réuni à l'empire frank

(1) Isidore de Séville, *ibid.* : « At contra *nunc* quidam eversores non defensores existunt. »

(2) Cfr. la note suiv.

(3) *Ibid.*, lib. XII, tit. 1, n° 2 : « Et quia dum regali cura actores nostrarum perquireremus provinciarum, comperimus quod numerarii vel *defensores* annuâ vice mutentur, quâ detrimentum de causâ nostris non ambigimus populis evenire : ideoque jubemus, ut numerarii vel *defensor*, qui electus ab episcopo vel populis fuerit, commissum peragat officium : ita tamen, ut dum numerarius vel defensor ordinatur, nullum beneficium judici dare debeat, nec judex præsumat ab eis aliquid accipere, vel exigere. Quod si quis judicum hanc nostram transcenderit constitutionem, honore privatus X libras auri fisco nostro coactus exsolvat. » [Dans Walter, *ibid.*, p. 629.] — Ces dernières lignes sont évidemment empruntées à la *Novelle VIII*, ch. 1, et *Notitia* annexe, § 49.

en 534, le *defensor civitatis* subsista jusqu'à la fin. Il est mentionné, en effet, dans le *Papien* ou *Loi romaine des Burgundes*, promulgué, selon l'opinion commune, entre 502 et 516. Le *Papien*, toutefois, ne donne que très peu de renseignements sur le *defensor*, dont le mode d'élection notamment n'est pas indiqué. Le *Papien* signale seulement deux de ses attributions. La première est relative à l'insinuation des donations aux *gesta* municipaux « qui doivent être tenus selon l'usage des lieux » ; et à ce propos, le *Papien* fait allusion à la constitution d'Honorius de l'an 415, que nous avons analysée plus haut, et dont il confirme les dispositions (1). La seconde concerne la *restitutio in integrum*, qui peut être demandée par les mineurs de vingt-cinq ans, et dans laquelle le *defensor* joue un rôle que nous n'avions pas encore rencontré. On sait qu'en matière de *restitutio in integrum*, le droit romain refusait toute compétence aux magistrats municipaux (2), et ne l'accordait guère, à ce qu'il semble, qu'à des fonctionnaires d'un ordre élevé (3). Au contraire, chez les Burgundes, le magistrat compétent est le *defensor*. C'est devant lui que le mineur, qui se prétend lésé, doit comparaître avec des témoins, prouver son âge, et déclarer contre quelles personnes et pour quels motifs il demande la *restitutio* (4).

Le royaume burgunde ayant été annexé dès 534 à l'empire frank, il ne nous reste plus qu'à rechercher quel a été, dans cet empire, le sort du *defensor civitatis*.

(1) *Lex Romana Burgundionum*, édit. Bluhme, tit. XXII, art. 4 : « Gesta autem secundum locorum consuetudinem fieri placuit, nec interest apud quem *defensorem* fuerint celebrata, secundum legem Theodosiani sub Tit. de donationibus. » [Dans Pertz, *Monum. hist. germ.*, *Leges*, III, p. 610.] — La loi visée est la loi 8, Cod. Theod., VIII, 12, citée *suprà* n° 6.

(2) Cfr. Dig., L, 1, loi 26, § 1, fr. Pauli (3e s.).

(3) Cfr. Cod. Just., II, 37, loi 2 ; — et Accarias, *Précis de droit rom.*, t. II, n° 943.

(4) *Lex rom. Burg.*, tit. XXXVI, art. 8 : « Quæ restitutio ita futura est, ut impleto vicinsimo quinto anno ingreditur, evocatis ante *defensorem* testibus, qui ætatem ejus noverint, annos suos professione aut relationibus testium probet, ibique profiteatur, adversum quas causas vel quas personas integri restitutionis petat auxilium. » [Dans Pertz, *ibid.*, p. 618.]

§ II. *Le* defensor civitatis *dans l'empire frank.*

18. *Généralités.* — Ici, grâce aux formulaires, les textes ne manquent pas, où il soit question du *defensor;* mais s'ils permettent d'affirmer son existence dans certaines grandes villes jusqu'au milieu du IXe siècle au moins, ils ne nous donnent pas des renseignements bien variés sur son compte. Aucun ne parle de son mode de recrutement, et presque aucun ne signale d'autre attribution que l'attribution relative aux *gesta* municipaux. Partout, le *defensor civitatis* de la Gaule franke nous apparaît comme chargé, conjointement avec la curie, de la direction des *gesta.* L'abondance des formules sur ce point, jointe à leur absence presque complète sur tous les autres, rend extrêmement probable l'opinion que le défenseur gallo-romain a perdu sous les Franks ses anciens pouvoirs de police et de juridiction, attribués par les conquérants à d'autres fonctionnaires (comte ou centenier), et n'a retenu que ceux-là seulement qui avaient un caractère municipal, les Franks n'ayant pas modifié, là où ils l'ont conservée, l'administration des villes.

Cette idée générale préalablement indiquée, entrons dans le détail des textes, en nous attachant de préférence à ceux qui renferment une indication de date et de lieu. A ce double point de vue, on peut dire que tous ces textes [sauf deux plus récents sur lesquels nous reviendrons] s'échelonnent de l'avènement de Clovis à la mort de Charlemagne, et qu'ils nomment comme pourvues de défenseurs les *cités* de Meaux, Clermont, Tours, Paris, Angers, et Bourges (1), et même de

(1) Voici l'indication des principaux : *Meaux*, 5e siècle : deux *Vitæ Scæ Genovefæ, infrà cit.;* — *Clermont*, 6e siècle : De Rozière, *Recueil général des formules usitées dans l'Empire des Francs du v au xe siècle*, Paris, Durand, in-8o, t. I (1859), form. 384 et 403; — *Tours*, 6e siècle : *ibid.*, form. 408; — *Tours*, s. d. : *ibid.*, form. 263, 263 *bis;* — *Paris*, 7e siècle : testament d'Ermentrude, *infrà cit.*, et deux formules de Marculf (dans De Rozière, *ibid.*, form. 259); — *Angers*, 530 et 804 : De Rozière, *ibid.*, form. 260, et Dom Martene, *loc. infrà cit.;* — *Bourges*, s. d., et 805 : De Rozière, *ibid.*, form. 404, 266 et 262. — Bien d'autres cités possédaient encore des *curies* à l'époque franke, et probablement aussi des défenseurs, par exemple : Vienne, Orléans, Le Mans, etc... Mais les textes ne sont pas explicites sur

simples *castra*, comme Semur ou Anduse (1). Quelques-uns de ces textes nous font connaître les noms des *defensores*. A Meaux, notamment, il existait au temps de sainte Geneviève, contemporaine de Clovis, un défenseur nommé *Fruminius* (ou Prominius), qui fut guéri par la sainte d'une surdité complète (2). A Paris, le défenseur *Baudacharius* souscrivit au VIIe siècle le testament d'une dame nommée Ermentrude (3). En 721, le défenseur *Gerofredus* souscrivit de même le testament de Widerad, abbé de Flavigny, près Semur (4). En 804 enfin, le défenseur de la cité d'Angers s'appelait *Wifred*, et remplissait en outre la fonction de *vicedominus* (5), c'est-à-dire probablement de *vice-comes* ou vicomte (6).

ce point. — Une lettre de recommandation, donnée par Didier, évêque de *Cahors* de 630 à 655, à un prêtre obligé d'aller en Espagne, est adressée aux évêques, abbés, comtes, *défenseurs*, centeniers, etc...; elle prouve indirectement qu'il y avait alors des cités pourvues de défenseurs entre Cahors et les Pyrénées. Cfr. la lettre dans Du Chesne, *Hist. franc. script.*, Paris, in-f°, t. I (1636), p. 886, n° 53.

(1) Cfr. le test. de Widerad, *infrà cit.;* — et la charte de 927, analysée *infrà* n° 22.

(2) *Vita Scæ Genovefæ*, n° 41 : « *Defensor* quidam ex Meldorum urbe, nomine Fruminius, annis quatuor clausos habens aurium meatus, Parisium Genovefam expetiit, obsecrans sibi tactu manuum suarum auditum restitui. Cujus cum aures manu contrectans signasset, continuò auditu recepto benedixit Domino Jesu Christo » ; — *alia Vita*, n° 33 : « *Defensor* quidam ex Meldorum urbe Prominius... » [Bollandistes, *Acta Sanctorum*, janvier, t. I, p. 142, col. 1, et p. 146, col. 2.]

(3) Mabillon, *De re diplomat.*, *supplem.*, Paris, Robustel, 1704, in-f°, append. II, n° 7, *in fine :* « Actum Parisius sub die et tempore suprà scripto. Signum † Erminethrudiæ testatricis. † Mummolus com. rogante et præsente Ermenthrude hunc testamentum subscripsi..... Baudacharius *defensor* subs. Eusebius, etc... »

(4) « ... Wideradus abbas, Gerofredus *defensor*, Almasindus, Aldofredus. Actum *Sinemuro* castro, die 15 kal. feb., rescriptum per manum Haldofredi notarii..... adstante nobili et firmante vulgari populo unà cum *defensore* clarissimo viro. » [Dans Bréquigny, *Diplomata*, etc..., t. I, n° 305.] — Cfr. De Savigny, *ibid.*, § 95.

(5) Dom Martene et Durand, *Veterum script. amplissima collect.*, in-f°, Paris, t. I (1724), col. 58 : « *Allegatio donationis Harwichi facta gestis municipalibus curiæ Andegavensis.* — Adstante vir laudabile Wifredo *defensore*, vel cuncta curia Andec. civitate..... Signum † Nonone comite. Signum † Riscleno curatore. Signum † Wifredo *vicedomo*..... Signum † Letbaudus centenario..... Signum † Stabulo centenario. »

(6) Le mot *vicedominus*, il est vrai, désigne en général l'*advocatus* des im-

Tous ces *defensores* de la Gaule vivent à côté du comte et du centenier franks (1), qui sont chargés, chacun pour leur part, d'exercer la police et de rendre la justice dans la cité, et ne laissent guère aux défenseurs que l'administration des *gesta*. Mais, sous ce rapport, le *defensor* joue en Gaule le rôle le plus important. C'est devant lui, assisté de la curie entière, qu'on doit insinuer les testaments, les donations, les constitutions de dot, les ventes, et les mandats (2). C'est aussi devant lui qu'on doit faire enregistrer les ordonnances des comtes relatives au rétablissement des titres perdus (3). Il y a lieu, dans ces deux hypothèses, à d'assez longues procédures, que les formules nous font connaître dans leurs moindres détails, et que nous allons résumer le plus brièvement possible.

19. *L'insinuation aux gesta municipaux.* — Prenons d'abord l'hypothèse d'une *insinuation*, la plus ancienne et la plus fréquente (4); et supposons, pour fixer les idées, qu'il s'agisse d'une *donation* (5). — En général, ce n'est pas le donateur lui-même qui vient réclamer l'insertion de son acte aux *gesta*. Il se fait presque toujours remplacer à cet égard par un mandataire, qui prend le nom de *prosecutor* (6), et auquel il donne commission « d'aller à sa place, à la cité, porter au défenseur

munistes ecclésiastiques, et assez rarement le vicomte; mais on sait par ailleurs qu'il existait un vicomte à Angers dès le IXe siècle, et qu'en 804 l'évêque d'Angers n'était pas immuniste. Il est donc probable que Wifred était plutôt le représentant du comte que celui de l'évêque. Cfr. D'Espinay, *Les cartulaires angevins*, Angers, 1864, p. 40, 56. — Pour M. de Savigny, il n'y aurait là qu'un changement de *titre* (*ibid.*, § 96 et 101).

(1) Cfr. Mabillon, *suprà cit.*; — Dom Martene, *suprà cit.*; — etc...

(2) Cfr. pour les *testaments* : De Rozière, *op. cit.*, form. 259 (Paris, 650 env.), et 261; — pour les *donations* : *ibid.*, form. 259, 263 et 263 *bis* (Tours), 265, 266 (Bourges); — pour les *dots* : *ibid.*, form. 250 (Angers, 530), 262 (Bourges, 804), 264; — pour les *ventes* : *ibid.*, form. 259, 264; — pour les *mandats* : *ibid.*, form. 384 (Clermont, 6e siècle), 385 et 388. — *Adde* pour les *donations* : Dom Martene, *suprà cit.*

(3) De Rozière, *ibid.*, form. 403 (Clermont, 6e siècle), 404 (Bourges), 408 (Tours, 6e siècle).

(4) Cfr. De Rozière, *ibid.*, form. 259 à 266, et 384 à 388; — Dom Martene, *suprà cit.*; — etc...

(5) Il n'y a aucune différence pour le cas d'un testament, d'une dot, d'une vente, ou d'un mandat.

(6) Cfr. De Rozière, *op. cit.*, form. 259, 260, 263 *bis*, 264. — On trouve parfois *persecutor* (*ibid.*, form. 259-3o).

et à la curie publique sa charte de donation, pour être insérée, selon la coutume, aux *gesta* municipaux » (1). Le *prosecutor*, muni de son *mandatum*, qui devra être annexé au procès-verbal de l'insinuation (2), se rend au forum, où il trouve réunis, suivant l'usage (3), le *defensor*, la curie tout entière, et un greffier (souvent diacre), appelé *amanuensis* à Tours et à Angers (4), *notarius* à Clermont (5), *professor* à Paris, à Bourges, et ailleurs (6). Quelquefois, comme à Angers, en 530

(1) De Rozière, *ibid.*, form. 259-2° : « Peto et subplico caritati tuæ ut in vicem meam epistolam donacionis aut testamenti seu cessionis, ... in civitate illâ publice prosequere et gestis municipalibus, ut mos est, eam debeas allegare»; — et form. 261-2°, 262-2°, 263-2°, 264-2°, 266.

(2) Toutes les formules citées à la note précédente sont des *textes* de *mandata*.

(3) De Rozière, *ibid.*, form. 260 : « Anno quarto regnum domini nostri Childeberto reges, quod fecit minsus ille, dies tantus (530). Cum juxta consuetudinem Andicavis civetate curia puplica resedere in *foro*, ibiquæ vir magnificus illi prosecutor dixit. »

(4) De Rozière, *op. cit.*, form. 263 : « Cum conventu *Turonus* civitate adfuisset, adstante venerabile viro illo defensore, una cum honoratis principalibus suis... Venerabilis vir ille defensor et ordo curiæ... ille amanuensis »; — form. 260 : « ... vir venerabilis illi diaconus et amanuensis... (Angers) »; — Dom Martene, *loc. suprà cit.* : « Leodegarius amanuensis... (Angers). »

(5) De Rozière, *ibid.*, form. 384 : « *Arvernis*, aput vir laudabile illo defensore vel curia pubplica ipsius civitatis... unus ex notariis... »

(6) De Rozière, *ibid.*, form. 259 : « (Paris) ... adstante viro illo laudabile defensore et omne curiam illius civitatis... professor recitavit »; — form. 261 : « ... apud laudabile vir illo defensore et illo professore vel curia publica ipsius civitate... »; — form. 264 : « ... vir laudabile defensore et omnem curiam illius civitate... Ille professor et hoc modo recidavit »; — form. 262 : « In nomine Domini, quod fecit mensus ille dies tantus, in anno trigesimo quarto regnante domno nostro Carolo, rege, et ex eo Christo propitio sumpsit imperium quinto anno incoante (805), gesta habita apud laudabilæ viro illo defensore et illo diacono adque professoræ vel curia publica honoratis ipsius civitatis trium curialium... *Bitoricas* in civitate... » — Une autre formule, publiée pour la première fois par M. Pardessus [dans la *Biblioth. de l'École des chartes*, série I, t. I, p. 218-220], et reproduite par M. de Rozière (*op. cit.*, form. 404), porte *profensor* au lieu de *professor* : « Cognuscatis, obtime defensor illi *Bitorice* civitatis seo et illo *profensore* vel alie quampluris, etc... » Ce texte a suggéré à M. Pardessus (*ibid.*, p. 223-224) la conjecture suivante. Il croit que le mot *profensore* est mis ici pour *prodefensore*, et qu'il désigne un *substitut* du *defensor* de Bourges. M. Pardessus a bien remarqué que dans les autres formules, il y a *professor* au lieu de *profensor;* mais pour lui, « c'est le mot *profensor* mal écrit ». Ne serait-ce pas plutôt le con-

et en 804, le comte et le *curator* de la cité assistent à l'insinuation (1).

Aussitôt arrivé, le *prosecutor* interpelle le défenseur et la curie : « Vénérable défenseur et vous tous, curiales, je vous prie de me faire ouvrir les registres publics; car j'ai en main un acte que je voudrais y insérer » (2). Le défenseur et la curie répondent par cette formule invariable : « Les registres te sont ouverts; poursuis ce que tu désires » (3). Le *prosecutor* reprend : « Un mien ami m'a donné mandat de vous apporter une charte de donation pour être enregistrée. J'ai ici le mandat et la charte. » Le *defensor* : « Montre-nous le mandat » (4). — Le *prosecutor* produit le mandat, et le défenseur en fait donner lecture par le greffier, c'est-à-dire par l'*amanuensis*, le *professor*, ou un *notarius* (5). Après quoi, il

traire? Ne serait-ce pas le mot *profensor*, qu'on n'a encore trouvé qu'*une* fois, qu'il faudrait corriger? Nous sommes porté à le croire, et à voir tout simplement dans le *profensor* de la formule ci-dessus, le greffier de la curie, dont l'existence est certaine, et non pas un prétendu substitut du *defensor*, qu'aucun autre texte ne nous fait connaître. — Sur le *defensor* de Bourges, cfr. De Raynal, *Hist. du Berry*, Bourges, Vermeil, in-8°, t. I, p. 192 et 193.

(1) De Rozière, *ibid.*, form. 260 : « ... vir laudabilis illi defensor, illi curator, illi magister militum (*comte*) vel reliquam curia puplica... (Angers, 530) »; — Dom Martene, *loc. cit.* (Angers, 804). — Cfr. sur ce point : De Savigny, *ibid.*, § 96 *in fine*.

(2) De Rozière, *ibid.*, form. 259, 260, 261, 262, 263, 263 *bis*, 264, 265 : « Ille dixit : Quæso a te, opteme defensor, vel vos ordo curiæ, uti mihi codecis publecus patere precipiatis, qui abeo [quæ] gestorum adlegacionem cupio roborare » ; — Dom Martene, *loc. cit.*

(3) De Rozière, *ibid.*, form. 259, 260, 261; — 262 : « Defensor et ordo curiæ dixerunt : Patent tibi codices publici; prosequere quæ optas » ; — 264, 265, 384; — Dom Martene, *loc. cit.*

(4) De Rozière, *ibid.*, form. 259 : « ... Vir honestus defensor dixit illi : Mandatum quod in te conscribtum habere dicis, nobis ostendere vel in presente recitare » ; — 260, 261, 262, 263, 263 *bis*, 264, 265, 384; — Dom Martene, *loc. cit.*

(5) De Rozière, *ibid.*, form. 260 : « Curia viro dixerunt : Mandato, quem tibi habere dicis, accipiat vir venerabilis illi diaconus et *amanuensis* »; — form. 264 : « Ille *professor* et hoc modo recidavit (mandatum) » ; — form. 262 : « Tum unus ex *notarius* ille epistola cessionis vel mandatum in publico recitavit »; — Dom Martene, *loc. cit.* : « Defensor dixit : Mandatum quam frater Aganbertus proferet Leodegarius *amanuensis* ad recitandum accipiat. Accepit et recitavit. »

réclame la charte de donation, qu'il fait lire aussi par le greffier (1).

Cette double lecture terminée, le *defensor* et la curie donnent l'ordre d'insérer la charte aux registres (2), et s'adressant ensuite au *prosecutor* : « Que veux-tu de plus? » Le *prosecutor* répond : « Qu'on me donne, selon la coutume, le mandat, la charte de donation, et une copie du procès-verbal, signée de vous tous » (3). — « Qu'il soit fait selon la coutume », conclut le *defensor* (4). Il signe alors, avec tous les curiales présents, d'abord les registres, puis une copie préparée par le greffier et destinée au *prosecutor* (5). Les originaux sont ensuite déposés aux archives (6); et, si le donateur l'en a prié (7), le *prosecutor* l'avertit par un rescrit qu'il a accompli

(1) De Rozière, *ibid.*, form. 260 : « Curia vero dixerunt : Dotem, quem te dicis præ manibus retinere, illi diaconus et *amanuensis* Andecavis civetate nobis presentibus accipiat relegendum »; — form. 263 : « ... et ille *amanuensis* hanc donationem accipiat vel recitetur; qui statim accipiens per ordinem eam recitavit »; — form. 259 : « Quam vero donatione illa *professor* recitavit »; — form. 262, *suprà cit.*; — form. 384 : « Tunc unus ex *notariis* ipso mandato in puplico recitavit »; — Dom Martene, *loc. cit.* : « Defensor dixit : Epistola quem frater Aganbertus adserit Leodegarius *amanuensis* pro ad recitandum accipiat; et gesta inserendi accepit et relegit. »

(2) De Rozière, *ibid.*, form. 259 : « Post recitationem vero vir laudabilis illi defensor et curialis dixerunt : Epistola, qui recitata est, gestis publicis inseratur »; — form. 262, 263 *bis*; — Dom Martene, *loc. cit.*

(3) De Rozière, *ibid.*, form. 259, 262, 263, 263 *bis*, 265, 384; — Dom Martene, *loc. cit.*

(4) De Rozière, *ibid.*, form. 259, 263, 263 *bis*, 265 : « Defensor et ordo curiæ dixerunt : Gesta, cum fuerit conscripta atque a nobis subscripta, tibi ex more tradatur »; — Dom Martene, *loc. cit.*

(5) De Rozière, *ibid.*, form. 259 : « Edatur super ordine, et mandatus suus in loco, et totum textum et manummissoris epistola scribantur, et postea defensor et curialis civium et reliqui eam subscribantur adque signentur »; — form. 263 : « Gesta cum a nobis fuerit subscripta et a venerabili viro illo *amanuense* edita... »; — form. 261 : « Superscriptus defensor una cum suis curialibus vel subscriptionibus instituerunt vel inobodierunt sub signaculis »; — form. 384 : « Ille defensor cum suis curialibus vel subscriptionibus manibus ipsa gesta tradiderunt vel consignaverunt. » — La copie remise en 804 au *prosecutor* Aganbert par le défenseur d'Angers, Wifred, porte, outre la signature de ce dernier, celles de onze autres personnes (Dom Martene, *loc. cit.*).

(6) De Rozière, *ibid.*, form. 259 : « ... in arcipibus publicis memoranda servetur »; — form. 263 *bis* : « ... in arcis publicis memoranda servetur. »

(7) De Rozière, *ibid.*, form. 261, 262, 266 : « ... et de prosecutione celebrata mihi rescribere non graveris. »

son mandat (1). — Telle fut en résumé, depuis Clovis jusqu'à Charlemagne, la procédure des insinuations dans toutes les cités gallo-frankes où avait persisté le régime municipal.

20. *Le rétablissement des titres perdus.* — Passons maintenant à la seconde hypothèse, c'est-à-dire à celle du rétablissement des *titres perdus.* — A l'époque franke, il y avait souvent des troubles, des guerres, des incendies, des pillages; et dans bien des occasions, les titres de propriété et de créances, les actes de ventes, d'échanges, et de donations disparaissaient, brûlés ou volés, sans compter les pertes dues à la simple négligence (2). Dans tous ces cas, le droit frank, comme le droit romain d'ailleurs, avait pris quelques mesures pour parvenir à rétablir les *instrumenta* perdus. Dans la procédure qu'il fallait suivre pour arriver à ce résultat, on voit le comte et le *defensor*, c'est-à-dire l'élément frank et l'élément gallo-romain, jouer successivement un rôle, qui nous est retracé par diverses formules (3), notamment par deux formules du VIe siècle, relative l'une à Clermont (4), l'autre à Tours (5), et par une troisième, de date incertaine, relative à Bourges (6).

D'après ces formules, la première chose à faire, pour celui

(1) De Rozière, *ibid.*, form. 261-3°, 262-3°, *rescripta.*

(2) De Rozière, *op. cit.*, form. 403 : « Dum non est incognitum qualiter cartolas nostras per hostilitatem Francorum... ibidem perdimus »; — form. 405, 406, 407; — form. 408 : « ... ut quicumque ab incendiis vel hostibus seu a latronibus fuerit perpessus dispendium »; — form. 409, 410, 411, 412, et 412 *bis* : « Pene omnibus patet regionem nostram ab hostibus depopulatam esse, et domos multorum igne concrematas vel res quamplures per direptionem sublatas »; — form. 404 : « ... vel per necligentia... »; — etc...

(3) On les trouvera rassemblées dans De Rozière, *op. cit.*, form. 403 à 414.

(4) De Rozière, *ibid.*, form. 403 : « ... conmanens orbe *Arvernis*... castro Claremunte... » — Cette formule paraît postérieure à l'invasion de l'Auvergne par Thierry, roi d'Austrasie, en 532.

(5) *Ibid.*, form. 408 : « ... per timorem illius qui *Turonus* civitatem *anno presente* hostiliter venit, et multa mala ibidem perpetravit... » — Ce passage fait sans doute allusion aux invasions de Chilpéric, qui prit Tours en 567, 568, 573, 575 (De Rozière, *ibid.*, p. 498, en note).

(6) De Rozière, *ibid.*, form. 404 : « Igitur, optime defensor vel curia puplica seo et cuncto clerorum Sancti Stephani ac viris magnificis *Betorice* civitatis, ego illi conmanens in pago Bitorico, in villa illa. Cognuscatis, optime defensor illi Betorice civitatis seo et illo profensore vel alie quampluris, etc... » — Sur le mot *profensore*, cf. *suprà* n° 19.

qui a perdu des titres, est d'en informer le public (1). Pour cela, il doit aller dès le lendemain prier le juge du lieu et ses voisins, voire même toute la paroisse, de venir constater *de visu*, pour lui servir de témoins, l'accident dont il a été victime, par exemple l'incendie ou le pillage de sa maison (2). La constatation faite, les témoins délivrent au malheureux incendié ou volé une attestation, écrite et signée, de ce qu'ils ont vu. Cette attestation s'appelle, suivant les textes : *relatio*, *notitia relationis*, *notitia pagensium*, ou *relatio pagensium* (3). Ici deux voies s'ouvrent au suppliant qui demande le rétablissement de ses titres : — ou bien la *relatio* est envoyée au roi, qui agit comme il l'entend (4), et qui peut par exemple délivrer au suppliant un *præceptum* le maintenant dans tous ses droits (5); — ou bien la *relatio* est simplement apportée au comte du *pagus*, siégeant *in mallo publico* (6).

(1) De Rozière, *ibid.*, form. 404 : « ... oportit eum auribus publices innotisci »; — form. 407 : « Oportit hoc... palam ostendere et puplica denonciacionem manifestare. »

(2) *Ibid.*, form. 405 : « Proinde necesse fuit sepe dicto illo in crastenum maturius mane judicis puplico (et) vicinis circa manentis ad ipso loco convocare; et ibidem invenientis invenirunt sic essit factum, etc... »; — form. 406 : « Unde necesse ei fuit advocare judecis seu et vicinis circa manentis seu et universa parocia illa; et ibidem invenirunt, etc... »; — form. 407 : « et in crastenum locale accessione una cum bonas et straneas personas vicinis circa manentis in ipso loco manibus eorum roboratus accessisse »; — form. 409 et 411 : « Et quia ille judex vel vicini paginsi ipsius... »

(3) De Rozière, *ibid.*, form. 407, 413, 414 (*relatio*); — form. 405, 406 (*notitia relationis*); — form. 408 (*notitia pagensium*); — form. 412 et 413 *bis* (*relatio pagensium*) : « ... quorum subscriptionibus vel signacula subter tenentur inserta. »

(4) De Rozière, *ibid.*, form. 411, 412, 412 *bis*. Ces trois formules sont des modèles de *relationes* adressées au roi (ou au maire du palais). La première se termine ainsi : « Domni, nostrum est ad sugerendum; vestrum est ad ordinandum quid ipsa exinde agere debeat. » Les deux autres expriment la même idée en termes un peu différents.

(5) *Ibid.*, form. 413, 413 *bis*, 414. — Ces formules sont des exemples de *præcepta* royaux, homologuant les conclusions de la *relatio pagensium*.

(6) *Ibid.*, form. 409 : « Quamobrem cum quadam die inluster ille comis ad multorum causas audiendum vel recta judicia terminandum una cum plures personis resedentes... »; — form. 407 : « Igitur cum... apostolecus vir domnus illi episcopus nec non et inlustro vir illi comis in civetate *Andecave* cum reliquis venerabilibus atquæ magnificis reipuplici viris resedissit... »

Après lecture de la *relatio*, le comte fait faire une enquête (1); et si l'enquête est favorable, il remet en double exemplaire au suppliant une sorte d'ordonnance appelée *appennis* (probablement d'*appendere*, afficher), et quelquefois *contestaciuncula*, *plancturia*, ou même *epistola* (2). Le suppliant conserve l'un des deux exemplaires par devers lui. Quant à l'autre, il doit l'afficher pendant trois jours, selon la coutume, dans les lieux les plus fréquentés, tels que le *forum* ou le marché public (3). L'*appennis* contient l'indication des titres perdus, et la déclaration que le suppliant est maintenu dans tous les droits constatés par ces titres (4).

Au bout des trois jours, s'il n'y a pas d'opposition (5), le suppliant se rend enfin devant le *defensor* et la curie; et là, il dépose simplement l'*appennis*, en demandant au défenseur et aux curiales de vouloir bien y apposer leurs signatures et leurs cachets, et l'insérer ensuite aux *gesta* municipaux, le tout afin de donner à l'*appennis* plus d'autorité, et lui per-

(1) De Rozière, *ibid.*, form. 407 : « Dum taliter diligencia inquirere viditur, sublectum fuit ad ipsas bonas stranias personas vicinis circa manentis, etc... »

(2) *Ibid.*, form. 405 : « ... ut melius possit exinde *appenne* in civetate regione ipsius prosequære »; — form. 407 : « ... ut hanc carthola, qui vocatur *appennis*, etc... »; — form. 409 : « Sic superdictus ille comis vel reliquis Francis personis juxta præsentium retroque precedentium cartola relatione, que dicitur *appennis*, dare decreverunt »; — form. 403 : « ... ut hanc contestaciuncula seu plancturia... »; — form. 408, *infrà cit.*

(3) *Ibid.*, form. 407 : « Ita ut *duo appennis* quoequalis ex hoc adfirmatur accipiat unum quem ipsi aput se retineat, et aliquem in foro puplico suspenditur »; — form. 408 : « Unde convenit ut *duas epistolas* uno tenore conscriptas exinde fieri vel adfirmare deberet, ut una in foro publico in ipsa civitate sit adficta, alia vero ipse secum pro cautela et tempora futura apud se retineat »; — form. 403 : « ... ad hostio sancto illo, castro Claremunte, per *triduum* habendi vel custodivimus, seu in *mercato* puplico... »; — form. 404 : « Deposco ut pietatis vestri triduum apensionis, secundum lege consuetudinis, quod ego ibidem custodivi... »

(4) De Rozière, *ibid.*, form. 408 : « ... *Turonus* civitatem appennem exinde deberent adfirmare, ut quantumcunque per ipsa strumenta, etc... »; — form. 409 : « ... dare decreverunt, ut quicquid ex hac cessione parentum aut ex contractu habebat, etc... »

(5) Les textes ne le disent pas; mais les mesures de publicité prescrites supposent nécessairement un droit d'opposition reconnu aux tiers.

mettre de l'invoquer en justice, le cas échéant (1). — On voit que là encore le rôle du *defensor* et de la curie se borne à recevoir et à enregistrer un acte (2).

21. *Pouvoir qui reste au* defensor *en matière de juridiction.* — Le *defensor civitatis*, qu'on appelle simplement désormais *defensor*, est donc devenu avant tout, dans la société gallo-franke, le directeur des *gesta*. Mais en dehors de cette attribution principale, et en somme assez insignifiante, qui lui reste, n'en aurait-il pas conservé quelque autre? Deux formules nous montrent qu'il était encore chargé, toujours concurremment avec la curie, de recevoir les déclarations d'*adoption* (3), lesquelles étaient ensuite enregistrées (4). Lui appartenait-il de vérifier lui-même à cette occasion si les conditions de l'adoption étaient remplies? Cela est probable, mais non certain. En tout cas, ce serait le seul fait de juridiction, et de juridiction purement *gracieuse*, qu'il aurait retenu dans sa compétence (5).

Il nous est impossible en effet d'admettre, avec certains auteurs, que sous les Franks, comme sous les Wisigoths, le *defensor civitatis* soit resté investi d'une juridiction *contentieuse*.

(1) De Rozière, *ibid.*, form. 403 : « ... ut cum hanc contestaciuncula seu plancturia juxta legum consuetudinem in presentia vestra relata fuerit, nostris subscriptionibus (vel) signaculis subroborare faciatis, ut quocumque perdictionis nostras de suprascripta per vestra adfirmatione justa auctoritas remedia consequatur, ut nostra firmitas legum auctoritas revocent in propinquietas. Unde ergo te, vir laudabilis illo *defensore*, necnon et vos honorati, que curas puplicas agitis assidue, oportèt me curiæ in hoc contestaciuncula seu plancturia per triduum partibus foris puplicis apensa vestris subscriptionibus vel signaculis subter faciatis adfirmare, ... et, ut mos est, *gestis* municipalibus eam faciatis ablegare cum petitiones nostras. » — Cfr. form. 404.

(2) Et non pas, comme le dit M. Pardessus (*loc. cit.*, p. 222), à faire l'information préalable. Cette information est faite par le comte.

(3) De Rozière, *op. cit.*, form. 115 : « ... mihi placuit ut ille una cum consensu patris sui in civitate illius cum curia publica [et defensore, *d'après un MS.*] de potestate patris naturali discedente et in meâ potestate veniente in loco filiorum adoptassem, quod ita et feci »; — form. 116 : « ... cum curia publica et defensore, etc... »

(4) *Ibid.*, form. 115 : « ... et hæc adoptio gestis alligata firma permaneat. » — Cfr. Cod. Just., VIII, 48, loi 11, kal. nov. 530 : « ... hoc ipsum *actis intervenientibus* apud competentem judicem manifestare, etc... »

(5) Et encore, il semble bien, à lire les form. 117 et 118 (De Rozière, *op. cit.*), que cette intervention du *defensor* et de la curie n'était pas obligatoire.

L'on pourrait être tenté cependant d'invoquer en ce sens un prétendu capitulaire du IXe siècle, qui est l'un de ces deux textes postérieurs à Charlemagne, que nous avons réservés précédemment (*suprà* n° 18). Ce capitulaire est ainsi conçu : « Dans les cités où les gouverneurs résident, qu'ils connaissent des procès, ainsi que les *défenseurs;* mais si quelqu'un préfère être jugé par l'évêque, les prêtres, ou les clercs, nous ne le permettons pas » (1). Voilà certes un texte formel; et s'il fallait en tenir compte, il conduirait à reconnaître au *defensor* au milieu du IXe siècle une juridiction importante, dont on ne trouve aucune trace dans l'empire frank avant cette date, et qui constituerait une véritable anomalie à une époque où les pouvoirs de juridiction des comtes et des évêques étaient confirmés et augmentés. Mais cette anomalie n'a pas existé en réalité. Si l'on veut bien remarquer en effet : 1° que le texte en question est isolé; 2° qu'il appartient au recueil de Benedictus Levita, fort suspect, comme on sait; 3° qu'il est en contradiction avec des capitulaires authentiques contemporains de ce recueil (2) ; 4° enfin qu'il a une singulière ressemblance d'allures avec le chap. 7 de la *Novelle LXXXVI* de Justinien, connue alors dans la Gaule franke par l'*Epitome* de Julien (3), on arrivera à cette conviction que le capitulaire dont il s'agit est apocryphe, et qu'il a été fabriqué précisément à l'aide du passage de l'*Epitome* de Julien, correspondant au chap. 7 de cette même *Novelle LXXXVI*, passage dont Benedictus Levita s'est borné à prendre le contrepied (4). Il n'y a donc pas à s'arrêter à l'idée que les défenseurs auraient

(1) *Capitul.*, V, 387 (Bened. Levita) : « In civitatibus in quibus præsides præsunt, ipsi audiant causas, seu et defensores. Qui autem episcopum vel sacerdotes aut clericos judicare sibi maluerint, hoc quoque fieri non permittimus. » [Dans Baluze, *Capit. regum. francorum*, éd. de Chiniac, tome I, col. 906.]

(2) Cfr. les *capitulaires* cités par Beauchet, *op. cit.*, § 157.

(3) Le chap. en question forme le chap. 7 de la Novelle 69 de l'*Epitome* de Julien (éd. de 1576, pet. in-8°, d'après le MS. de P. Pithou).

(4) Voici le texte de Julien, *Epit.*, nov. 69, ch. 7 : « *In civitatibus, in quibus præsides* præstò non *sunt*, adeant litigatores *defensorem* civitatis, et ille *audiat causas.* Si *autem episcopum judicare sibi maluerint, hoc quoque fieri* jubemus. » Tous les mots en italique figurent dans le texte de Bened. Levita ! — Cfr. De Savigny, *ibid.*, n° 100.

conservé ou recouvré, au IXe siècle, une compétence judiciaire qui, nous le répétons, appartenait en principe à d'autres fonctionnaires (1). — Tout ce qu'on peut conclure du texte, c'est qu'à l'époque où Benedictus Levita le lançait dans la circulation, c'est-à-dire vers 850, il y avait encore des *defensores* dans la Gaule.

22. *Le plaid d'Anduse de 927.* — On possède d'ailleurs à cet égard un témoignage encore plus récent, dont il importe de discuter la valeur, et de relever certaines expressions. — Il s'agit tout simplement du procès-verbal d'un *plaid* pour le renouvellement d'une charte perdue, tenu au *castrum* d'Anduse en 927, en présence du *defensor* Fredelon, et à la demande de l'évêque de Nîmes, Ugbert (2). On voit dans ce document se dérouler toute la procédure ordonnée « par les anciennes lois » pour le rétablissement des titres perdus, avec la délivrance de la *plancturia*, son affichage pendant trois jours (ou deux), et enfin sa présentation au *defensor* et aux *honorati*, auxquels l'évêque demande leurs signatures dans des termes absolument copiés sur le début d'une formule du VIe siècle (3). — Il y a toutefois deux particularités à signaler dans ce procès-verbal :

1° D'abord, l'insertion aux *gesta*, réclamée dans la formule précitée (4), n'est pas demandée ; le mot *curia* n'apparaît pas non plus. C'est un indice, corroboré par d'autres, de la disparition des *gesta* municipaux, qui s'est consommée, croyons-nous, dans le courant du IXe siècle (5).

(1) Cfr. en ce sens : Pardessus, *Loi Salique*, Paris, 1843, in-4°, p. 514 et suiv. ; — Beauchet, *ibid.*, § 9 ; — etc...

(2) Voir le texte dans Menard, *Hist. de Nismes*, in-4°, Paris, Chaubert, t. I (1750), *Preuves*, p. 19-20.

(3) Menard, *ibid.* : « Priscarum legum et jure constituuntur... ; et quos testati nullas seu et *plancturia* contra collecta, ad aures publice per biduum vel triduum appendat..... Unde laudamus te, vir laudabilis, *defensor* Fredelo, nec non et vos honorati, que curas publicas agitis assidue, ut istam plancturiam firmare faciatis quomodo nobis necessarium fuit. » Cette dernière phrase est identique au début du § 2 de la form. 403 (De Rozière, *op. cit.*), que le rédacteur de la charte de 927 a évidemment copié, et assez maladroitement, comme on peut s'en convaincre en lisant la suite de la formule.

(4) De Rozière, *ibid.*, form. 403 : « ... ut mos est, gestis municipalibus eam faciatis ablegare. »

(5) Cfr. sur ce point un article de M. Quicherat, *De l'enreg. des contrats*

2° En second lieu, Fredelon, appelé indifféremment *auctor*, *defensator*, et *defensor*, joue à Anduse un double rôle. C'est lui qui délivre la *plancturia*, comme le faisait autrefois le comte; et c'est à lui qu'on la représente après l'affichage, pour la signer, comme le faisait autrefois le *defensor* (1). — Mais tout s'explique, quand on remarque que Fredelon à Anduse, comme probablement Wifred à Angers en 804, était à la fois *defensor* et vicomte; on le trouve en effet qualifié, précisément en 927, de « lieutenant ou *missus* du comte Raymond » (2).

Cette double qualité ainsi possédée, à plus d'un siècle d'intervalle, par Wifred et par Fredelon, mérite d'attirer l'attention. Elle donne en effet à penser : — ou bien que les comtes franks ont trouvé de bonne politique de choisir comme lieutenants les *defensores* des cités; — ou bien que les vicomtes ont accaparé, là où ils l'ont pu, les fonctions de ces derniers. De quelque façon qu'on envisage le fait, on est obligé de reconnaître qu'il n'était nullement favorable au maintien de l'indépendance des défenseurs des cités, et qu'il était plutôt de nature à préparer leur absorption par les comtes, dont le pouvoir devenait, aux approches de la féodalité, plus envahissant que jamais. On pourrait même aller jusqu'à dire que la charte de 927 prouve que l'absorption s'était déjà produite à Anduse; car Fredelon y apparaît bien plus comme le *missus* du comte Raymond que comme un véritable *defensor*. Si ce dernier titre lui est encore donné, c'est peut-être unique ment parce que le rédacteur de la charte avait sous les yeux un ancien formulaire. Dans cette hypothèse, le procès-verbal du plaid d'Anduse ne prouverait même pas la persistance jusqu'au xe siècle de l'ancien *defensor civitatis*. En tous cas, sa persistance à cette date ne pouvait être qu'exceptionnelle.

à la curie, dans la *Biblioth. de l'École des chartes*, 5e série, t. I, p. 440-446. — En voici la conclusion : « Entre le VIe et le IXe siècle, la formalité de l'enregistrement municipal, déjà très compromise, acheva de tomber en désuétude. »

(1) Menard, *ibid.* : « ... ut auctor vel defensator Fredeloni de *castro Andusiense* in ejus presentia facimus plancturiam ... », et plus loin : « ... ut istam plancturiam firmare faciatis. »

(2) Menard, *op. cit.*, *Preuves*, p. 20, charte de 927 : « ... ad castrum Andusiense, in presentia Fredelone, misso Raimundo, comite... » — Sur l'expression *missus comitis*, cfr. Beauchet, *op. cit.*, § 87.

CHAPITRE IV.

Rapports du defensor civitatis avec les autorités locales.

Jusqu'ici nous avons étudié le *defensor civitatis* en lui-même, recherchant seulement comment il était élu, quelles étaient ses attributions, et jusqu'à quelle époque il avait subsisté. Nous avons vu en même temps, par la force des choses, quelles étaient ses relations avec le pouvoir central et ses principaux représentants. Il nous faut maintenant regarder autour de lui, et nous demander quels ont été ses rapports avec les autorités locales, c'est-à-dire avec les *magistrats municipaux* d'abord, avec l'*évêque* ensuite. — A l'époque où le *defensor civitatis* fut créé, les anciens magistrats municipaux avaient perdu, par suite des progrès de la centralisation, la plupart de leurs attributions (1). Les édiles et les questeurs avaient complètement disparu, et de l'ancienne administration municipale, il ne subsistait plus que les *duumviri juri dicundo*, dont les pouvoirs avaient été restreints. En face d'eux, s'élevait le *curator reipublicæ* ou *pater civitatis*, qui avait fini par devenir le premier magistrat de la cité. — *Duumviri* et *curator*, voilà donc les deux principales autorités municipales avec lesquelles le *defensor* allait se trouver en rapport.

§ I. *Rapports du* defensor civitatis *avec les* duumviri juri dicundo.

23. *Premier système : le* defensor *a absorbé les* duumviri; *rejet.* — S'il fallait en croire M. Fustel de Coulanges, les relations du *defensor civitatis* avec les *duumviri* n'auraient pas été de longue durée. Les *duumviri* auraient simplement

(1) Houdoy, *op. cit.*, p. 632.

cédé la place au *defensor*, qui se serait substitué à eux dès le commencement du ve siècle, et aurait continué leur magistrature sous un autre nom (1). M. Fustel de Coulanges, pour appuyer cette opinion, essaie d'abord de prouver que le même mode d'élection s'appliquait aux duumvirs et aux défenseurs : « Le *defensor civitatis* n'était pas nommé par le gouvernement; il était choisi par la cité. Ainsi que les anciens duumvirs, il était désigné par la *curie*, c'est-à-dire par la réunion des *principaux* et des simples curiales. Les empereurs chrétiens prescrivirent que l'évêque et les clercs concourussent à cette élection » (2). — Il suffit de parcourir les pages qui précèdent pour constater au contraire que le *defensor* a été nommé à l'origine par le préfet du prétoire, c'est-à-dire par le gouvernement (3), et qu'il n'a jamais été nommé par la *curie* seule. Du texte unique qui fasse difficulté sous ce rapport, et qui est naturellement invoqué par M. Fustel de Coulanges, nous avons donné plus haut l'explication (4). Il y a là une première différence indéniable entre les duumvirs et les défenseurs.

M. Fustel de Coulanges ajoute : « Le défenseur, conformément à la règle qui avait toujours été suivie pour les duumvirs, ne pouvait être choisi que parmi les classes les plus élevées de la cité. Cette dignité, qui était la première de toutes, ne s'obtenait qu'après qu'on avait passé par toutes les autres » (5). Dans un *Appendice* spécial, auquel il renvoie, M. Fustel de Coulanges précise en disant : « C'était dans la catégorie des *principales* qu'il fallait choisir le défenseur de

(1) Fustel de Coulanges, *Hist. des institutions polit. de l'ancienne France*, 2e édit., Paris, Hachette, in-8°, t. I (1877), p. 162 et 164 : « Au commencement du ve siècle, nous trouvons le régime municipal encore debout... Quant à la magistrature, elle a changé de nom. Les duumvirs ont disparu presque partout, et ont fait place à un personnage qu'on appelle le Défenseur de la cité. Ce mot nouveau n'annonce pas une transformation bien profonde dans le régime municipal. »

(2) Fustel de Coulanges, *ibid.*, p. 165.

(3) Cfr. *suprà* n° 2; — et la loi 1, Cod. Theod., I, 29 (éd. Hænel).

(4) Cfr. *suprà* n° 4; il s'agit de la loi 6, *ibid.* — Si l'on n'admettait pas notre explication, il faudrait en tous cas reconnaître que les défenseurs n'ont pu être élus par les *curies* que pendant un temps fort court, de 387 à 409.

(5) Fustel de Coulanges, *ibid.*, p. 165.

la cité. La loi qui défend de le prendre parmi les simples décurions a le même sens que celle par laquelle Constantin interdisait de choisir un simple décurion pour *curator civitatis*. Il fallait être passé par toutes les charges municipales et avoir rang de *principalis* pour arriver à ces hautes fonctions qui n'avaient rien au-dessus d'elles dans la cité » (1). — Où M. Fustel de Coulanges a-t-il vu : 1° que le *defensor civitatis* devait être choisi dans les classes élevées, et même parmi les *principales* ; 2° qu'il devait avoir géré toutes les charges municipales? Uniquement dans la *Novelle XV* de Justinien, dont il invoque ce passage : « Nous voulons que l'office de défenseur soit rempli par les plus nobles habitants de la cité (*nobiliores*), ainsi que cela se faisait dans les *premiers temps* » (2). C'est tout, et ce n'est pas suffisant. Que la première proposition soit vraie après la réforme de 535, on peut l'admettre; car Justinien a cherché à relever la dignité du défenseur, en assurant son recrutement dans l'aristocratie municipale. Mais qu'il en fût de même avant 535, cela est beaucoup plus douteux. A l'origine, il est dit formellement que le préfet du prétoire choisira les défenseurs dans certaines catégories déterminées (3), parmi lesquelles la catégorie des *principales* n'est pas mentionnée. Plus tard, quand le *defensor* devient électif, il n'y a qu'une seule règle de posée, c'est qu'on ne le prendra pas parmi les *cohortales*, ni parmi les *décurions*. La prohibition, édictée dès l'origine (4), a été invariablement maintenue (5); et ce n'est qu'en 535 que la *Novelle XV* semble par son silence l'avoir abrogée. Or les *principales*, quel que soit le sens qu'on veuille donner à ce mot, un peu vague (6), faisaient partie de la *curie* (7); et pour autoriser à choisir parmi

(1) *Ibid., note* n° 3 : Du defensor civitatis, p. 594. — La loi de Constantin dont il s'agit est la loi 20, Cod. Theod., XII, 1 (331).

(2) Fustel de Coulanges, *ibid.* — Cfr. *suprà* n° 12.

(3) Cfr. *suprà* n° 2, l'indication de ces catégories.

(4) Cod. Theod., I, 29, loi 1 (364), et loi 2 (365). — Cfr. *suprà* n° 2.

(5) Cod. Just., I, 55, loi 2. — Cfr. *suprà* n° 9.

(6) Sur les sens divers du mot *principalis*, cfr. Houdoy, *ibid.*, p. 264 et suiv., 634 et suiv.

(7) Cod. Theod., XII, 1, loi 171 : « Placuit principales viros *e curiâ* in Galliis non ante discedere quam quindecennium in ordinis sui administratione compleverint. » — M. Fustel de Coulanges le reconnaît lui-même, *ibid.*, p. 163.

eux le *defensor civitatis*, il eût fallu une permission expresse, qu'on ne trouve pas (1). Le silence des textes équivaut ici à une exclusion. Enfin Justinien nous apprend lui-même, comme le fait d'ailleurs observer M. Fustel de Coulanges, que depuis quelque temps on avait pris l'habitude d'élire comme défenseurs des hommes obscurs (*viri obscuri*). L'empereur déplore le fait; mais il ne dit pas qu'il fût illégal. Il faut donc tenir pour avéré que, jusqu'à Justinien, le *defensor civitatis* pouvait être pris dans toutes les classes sociales, exception faite des *cohortales* et des *décurions*. Pour être magistrat municipal, au contraire, il fallait être décurion (2). Cela constitue une deuxième différence entre les *duumviri juri dicundo* et les défenseurs des cités.

M. Fustel de Coulanges insiste. « On a conjecturé, dit-il, que le *defensor* était un chef plébéien placé vis-à-vis des duumvirs qui étaient les chefs de la curie; mais il n'y a pas un seul texte, ni une seule inscription qui montre que ces deux magistratures aient existé en même temps, ni à plus forte raison qu'elles aient été rivales. Partout le *defensor* apparaît à la place des duumvirs et avec les mêmes attributions » (3). — Ici, encore, nous sommes obligé, à notre grand regret, de contredire M. Fustel de Coulanges. Sans doute il n'est pas exact de faire du *defensor civitatis* un « chef plébéien »; mais il n'est pas exact non plus de soutenir qu'aucun texte ne le montre à côté des *duumviri*. Il y a d'abord les §§ 52 et 53 de l'*Edit* de Théodoric (4) qui sont absolument formels, et qui mentionnent côte à côte le *defensor civitatis* et

(1) On ne la trouve que dans le *Brév. d'Alaric*, qui applique, comme on l'a vu, la constit. de 331 au *defensor*. Mais il ne résulte pas même de là que chez les Wisigoths le *defensor* dût être pris parmi les curiales qui auraient géré toutes les magistratures municipales, mais seulement qu'aucun curiale ne serait admis à la dignité de *defensor* avant d'avoir géré toutes ces magistratures. Cfr. *suprà* n° 16.

(2) Dig., L, 2, loi 7, § 2, fr. Pauli (3e s.) : « Is qui non fit decurio, duumviratu, vel aliis honoribus fungi non potest : quia decurionum honoribus plebeii fungi prohibentur »; — Cod. Just., X, 31, loi 45 (kal. feb. 395) : « Ad subeunda patriæ munera dignissimi meritis et facultatibus curiales eligantur; etc... »

(3) Fustel de Coulanges, *op. cit.*, p. 594-595.

(4) Cfr. le texte *suprà* n° 15, en note.

les duumvirs, ce qui prouve qu'au moins en Italie, en l'an 500, les duumvirs n'avaient pas encore cédé la place aux défenseurs. Mais ce texte n'est pas isolé. On a remarqué en effet depuis longtemps que le mot *magistratus*, quand il s'applique à des magistrats municipaux, désigne ordinairement les duumvirs. Cela est constaté dès l'époque classique (1); *à fortiori* en est-il de même pour le Bas-Empire, où, par suite de la disparition des édiles et des questeurs, les duumvirs sont restés dans la cité les seuls *magistratus*, au sens vraiment propre du mot (2). Or parmi les textes dont nous avons fait usage précédemment, il en est plusieurs qui confèrent des attributions simultanées aux défenseurs, aux curateurs, et aux *magistratus*, en sorte que la seule traduction possible pour ce dernier mot est celle de *duumviri juri dicundo*. Nous citerons particulièrement, comme ne laissant à cet égard aucun doute, les constitutions impériales de 409, 415, 459, 467-471, et 496, dont les trois dernières figurent au Code de Justinien de 534, sans compter un procès-verbal d'insinuation aux *gesta* municipaux de la cité de Faënza, de l'an 540 (3). Il résulte de là que dans les deux empires, les *duumviri* et les *defensores* ont coexisté pendant tout le ve siècle; et qu'au milieu du vi[e] siècle, ils coexistaient encore dans l'empire d'Orient et dans l'exarchat

(1) De Savigny, *op. cit.*, t. I, § 9; — Houdoy, *op. cit.*, p. 338-339.

(2) Il est à remarquer que le terme *magistratus* n'est jamais employé par les textes pour désigner le *curator reipublicæ* ou le *defensor civitatis;* pour ce dernier, il y a même parfois une opposition marquée faite dans certains textes. Cfr. notamment Cod. Theod., VIII, 12, loi 8 (415) : « ... vel si civitas non habeat magistratus, apud defensorem plebis »; — Cod. Just., VIII, 54, loi 30 (459) : « ... sive eadem civitas habeat magistratus, sive non habeat, et defensor tantummodo sit »; — *Edictum Theodorici*, § 52 : «... magistratus, aut pro magistratu defensor civitatis... »; — etc...

(3) Cod. Theod., XI, 8, loi 3, § 1 (409) : «... a defensoribus, ordinibus, curatore, et magistratibus »; —VIII, 12, loi 8 (415) : « ... apud magistratus municipales, vel si civitas ea vel oppidum... non habeat magistratus, apud defensorem plebis... curatores enim civitatum... »; — Cod. Just., VIII, 54, loi 30 (459), *suprà cit.;* — I, 57, loi unique (467-471) : « ... apud moderatorem provinciæ, vel magistratus, vel defensores plebis »; — VIII, 54, loi 32 (496) : « ... apud defensores seu magistratus aliarum civitatum ». — Ces trois derniers textes ne mentionnent pas le *curator,* mais on ne peut lui appliquer le mot *magistratus;* il s'agit en effet des *gesta*, et toute compétence à ce égard lui a été enlevée par la constit. de 415, précitée. — Pour Faënza, cfr. *suprà* n° 15.

de Ravenne (1). On n'a donc pas le droit de dire qu' « au commencement du ve siècle, les duumvirs ont disparu presque partout, et ont fait place au défenseur de la cité » (2).

24. *Second système : le* defensor *a hérité de certaines attributions des* duumviri. — Mais ne pourrait-on pas dire au moins que la création du *defensor* a eu pour effet d'amoindrir la situation des duumvirs, et de préparer leur disparition par suite de l'attribution successive faite au nouveau venu d'un certain nombre de leurs fonctions originaires? C'est ce qu'enseignent aujourd'hui, avec quelques variantes, un assez grand nombre d'auteurs, parmi lesquels M. Ginoulhiac, qui s'exprime ainsi : « Dans la *Gaule*, il n'est plus question que du *defensor*. Il est donc certain que cette institution, probablement parce qu'elle répondait mieux aux besoins et aux idées des siècles voisins de la chute de l'empire d'Occident, prit un développement tel qu'elle absorba *peu à peu* celle des magistrats municipaux progressivement annihilés, presque réduits à l'impuissance là où il en existait encore, et qu'elle tint avec avantage leur place là où il n'en avait jamais existé. Mais à proprement parler, les *defensores* ne dépossédèrent pas les duumvirs, comme le prétend Roth » (3). — M. Glasson est tout aussi affirmatif : « Ce qui est certain, c'est qu'à partir du ve ou du vi^e siècle, le *defensor* hérita de la compétence criminelle qui avait appartenu aux duumvirs..... Dans la suite, il commit encore d'autres envahissements, et se plaça même à la tête de la curie » (4). — M. Houdoy se borne à dire : « Si nous trouvons des duumvirs mentionnés jusque dans les derniers temps, ce n'est que dans des textes trop peu nombreux pour que l'on puisse en conclure que ces magistrats existaient encore dans toutes les cités. Leurs attributions administratives étaient passées presque toutes au *curator reipublicæ*, en même temps que dans leurs attributions judiciaires restreintes

(1) Diehl, *op. cit.*, p. 97-98.

(2) On pourrait encore argumenter en ce sens du fait que les défenseurs n'avaient pas, quoi qu'en dise M. F. de Coulanges, « les mêmes attributions ».

(3) Ginoulhiac, *op. cit.*, p. 82.

(4) Glasson, *Hist. du droit et des instit. de la France*, in-8°, Paris, Pichon, t. I (1887), p. 354 et 500.

dans les limites les plus étroites, ils purent être remplacés par les *defensores civitatis* et par les évêques » (1).

Ces diverses assertions ne sont pas absolument exactes, et cela, faute d'avoir fait certaines distinctions nécessaires, que nous allons nous efforcer de préciser. Pour y arriver, il importe de passer en revue les différentes attributions des *duumviri*, et de rechercher pour chacune d'elles, si le *defensor civitatis* en a hérité. — Il faut d'abord laisser de côté les pouvoirs d'administration municipale des duumvirs. Très étendus à l'origine, ils avaient passé entièrement au IVe siècle aux mains du *curator reipublicæ;* et le *defensor civitatis* n'en a jamais été investi. Il reste donc à voir seulement ce que devinrent les pouvoirs des duumvirs en matière de juridiction et en quelques autres matières.

Sous le Haut-Empire, les duumvirs exerçaient une double juridiction, l'une en matière *civile*, l'autre en matière *criminelle;* mais cette dernière était réduite au IVe siècle à de simples pouvoirs de *police* (2). — Au *defensor* nouvellement créé, les empereurs reconnurent dès 365 une certaine juridiction *civile*, qui finit par être limitée au taux de 60 *solidi :* cette juridiction ne supprimait nullement celle des *duumviri*, qui était plus étendue. Après la chute de l'empire d'Occident, la compétence judiciaire des défenseurs d'*Orient* fut augmentée par Justinien en 535; et à cette date, la juridiction des duumvirs, mentionnée encore par Justin vers 520 (3), semble tomber en décadence. Aussi y a-t-il lieu de penser qu'à ce moment, ce sont bien les *defensores* des cités qui en ont recueilli les derniers débris. « Il est d'ailleurs évident, fait observer avec raison M. Houdoy, que la compétence des magistrats municipaux a dû diminuer chaque jour au profit des gouverneurs de province, qui devinrent les juges de droit commun, et prirent en conséquence le nom de *judices ordinarii* » (4). Ces *judices ordinarii* sont du reste juges d'appel des défenseurs (5). En *Occident*, il faut distinguer. En Italie,

(1) Houdoy, *op. cit.*, p. 632.
(2) Cfr. Houdoy, *op. cit.*, p. 386-387.
(3) Cod. Just., I, 5, loi 12 (*circà* 520).
(4) Houdoy, *ibid.*, p. 633.
(5) Novelle XV, ch. 5, pr.

le spectacle est le même qu'en Orient, au moins dans l'Italie byzantine. En Espagne, où les duumvirs durent disparaître assez vite, on a vu que le *defensor* avait conservé sous les Wisigoths ses pouvoirs judiciaires. En Gaule, au contraire, il les a certainement perdus (1). — Pour la *police* criminelle, le résultat fut à peu près le même. A partir de 392, le *defensor civitatis* reçut certaines attributions de police relatives à des points spéciaux (2); mais ces attributions laissaient intactes celles des duumvirs, et elles avaient plutôt diminué qu'augmenté, lorsque Justinien en Orient et Alaric II chez les Wisigoths conférèrent au *defensor* une véritable juridiction en matière de petits délits. Mais cette juridiction, le *defensor* ne l'a pas enlevée aux duumvirs, qui l'avaient depuis longtemps perdue. En Gaule, au contraire, le *defensor*, loin d'acquérir une juridiction criminelle, n'a même plus de pouvoirs de police. — Il résulte de tous ces faits que c'est seulement au VIe siècle, et seulement dans l'empire d'Orient, dans l'Italie reconquise, et dans le royaume wisigoth, qu'on peut dire avec vraisemblance que les défenseurs des cités ont hérité de la juridiction *civile* des duumvirs.

Ces derniers possédaient encore la présidence de la curie, la direction des *gesta* municipaux, et *parfois* quelques attributions spéciales, dont la principale était la *datio tutoris*. — Pour la *datio tutoris*, on a vu qu'elle avait été accordée aux défenseurs *concurremment* avec les duumvirs, en 531 seulement. Les défenseurs ont dû la conserver après la disparition des duumvirs en Orient; mais on ne saurait dire qu'ils leur aient *enlevé* cette attribution. — De même, pour les *gesta*, ils n'ont exercé d'abord, de 415 à 459, qu'un rôle *subsidiaire*, devenu *concurrent* en 459 (3). En Occident, ce rôle est resté tel jusqu'à la disparition des *duumviri*, ainsi que le prouvent, au VIe siècle, l'édit de Théodoric et les *gesta* de Faënza (4). En Orient au contraire, la *Novelle XV* semble bien enlever aux duumvirs toute participation à la

(1) Cfr. *suprà* n° 21.

(2) Cfr. notamment *suprà* n°s 5 et 6.

(3) Cfr. *suprà* n°s 6 et 8, les constit. de 415 et de 459.

(4) Cfr. *suprà* n° 15. — Dans les *gesta* de Faënza (540), le *defensor civitatis* et les *magistratus* figurent ensemble dans une même opération.

direction des *gesta*, confiée désormais aux défenseurs d'une façon exclusive. C'est donc seulement en Orient et sous Justinien qu'on peut dire que ces derniers ont hérité des droits des duumvirs. — Enfin en ce qui concerne la présidence de la *curie*, aucun texte à nous connu ne la confère au *defensor*. Aucun texte non plus ne l'enlève aux duumvirs; et cependant le défenseur apparaît certainement comme étant à la tête de la curie dans les *gesta* de Ravenne et dans toutes les formules frankes. M. de Savigny a essayé d'expliquer cette substitution par ce fait que le défenseur, une fois investi d'une juridiction contentieuse, serait allé chercher ses assesseurs parmi les décurions, et par là « se serait trouvé constamment mêlé à la curie, avec laquelle il n'avait à l'origine aucun rapport » (1). On peut objecter que, dès l'origine le *defensor* a eu une juridiction contentieuse, et qu'il n'est devenu qu'assez tard président de la curie; mais il y a plus. Cette hypothèse, même en admettant qu'elle soit fondée, ne montre pas comment le défenseur, en demandant à des curiales un service purement gracieux de leur part, aurait pu acquérir le *droit* de convoquer et de présider la curie. Il nous semble plus naturel d'attribuer ce résultat aux lois impériales qui exigeaient pour les insinuations la présence de trois curiales au moins (2). Le *defensor*, compétent pour insinuer, était compétent pour appeler autour de lui les curiales; et le jour où, comme on l'a dit, la curie a été réduite au rôle d'un « bureau d'enregistrement » (3), son président naturel s'est trouvé être le directeur de l'enregistrement, c'est-à-dire le *defensor civitatis*. Il faut ajouter d'ailleurs qu'on ne le voit jamais présider la curie dans d'autres circonstances qu'une insinuation d'actes, et que probablement dans ces autres circonstances, la présidence

(1) De Savigny, *op. cit.*, § 26, *in fine*.

(2) Cfr. Cod. Theod., XII, 1, loi 171; — *Edictum Theodorici*, § 52; — les divers *gesta* signés par un nombre de curiales toujours supérieur à trois, *suprà cit.* nos 15 et 19.

(3) Houdoy, *ibid.*, p. 597 : « La curie obtint dans l'ordre civil des attributions nouvelles : elle devint un véritable bureau d'enregistrement. Il faut nous arrêter un instant à ces fonctions qui restèrent, après la chute de l'empire romain, la seule attribution des curies, et qui, seules, empêchèrent leur disparition complète. »

resta aux duumvirs jusqu'à leur disparition. Sur ce point encore, les défenseurs des cités n'auraient pas hérité d'une façon complète des attributions des *duumviri juri dicundo* (1).

En résumé, et pour clore cette discussion sur les rapports des défenseurs et des duumvirs, nous croyons pouvoir affirmer les propositions suivantes : — 1° La création du *defensor civitatis* n'a pas fait disparaître les duumvirs, qui ont coexisté avec lui jusqu'à la chute de l'empire d'Occident *au moins*, en Gaule et en Espagne, et jusqu'au milieu du VIe siècle *au moins*, en Italie et dans l'empire d'Orient; — 2° Le *defensor civitatis* a fini par hériter de quelques-unes des attributions des duumvirs, savoir : de leur compétence judiciaire dans le royaume wisigoth à une date inconnue du VIe siècle; de leur compétence judiciaire et de la direction des *gesta* dans l'empire d'Orient en 535, et dans l'Italie byzantine en 554; enfin de la direction des *gesta* et de la présidence de la curie dans la Gaule franke sous Clovis.

§ II. *Rapports du* defensor civitatis *avec le* curator reipublicæ.

25. *Attributions communes et importance respective du* defensor *et du* curator. — Avec les duumvirs, le *defensor civitatis* trouvait en face de lui dans la cité, le *curator reipublicæ* ou *pater civitatis*. Ancien fonctionnaire impérial, nommé d'abord par l'empereur, rendu électif par la suite, le *curator reipublicæ* avait accaparé une partie des attributions des

(1) Signalons pour mémoire le système de M. de Savigny (*op. cit.*, § 23), qui prétend que les défenseurs n'ont insinué les actes aux *gesta*, nommé des tuteurs, et même exercé leur juridiction, qu'*à défaut* des duumvirs, c'est-à-dire là où, pour une raison ou pour une autre, il n'y en avait pas. Ce système n'est vrai qu'à l'égard des *gesta*, et de l'an 415 à l'an 459 seulement; car en 459, l'empereur Léon donna au *defensor*, non plus un rôle *subsidiaire* à celui des duumvirs, mais bien un rôle *concurrent* (*suprà* n°s 6 et 8), qui leur est maintenu en Italie par l'édit de Théodoric. Pour la nomination des tuteurs, les *Institutes* de Justinien donnent de même au *defensor* et aux duumvirs un rôle *concurrent*. Enfin pour la juridiction, il résulte de la constitution de 365, analysée *suprà* n° 3, que la maigre juridiction reconnue dès cette époque au *defensor civitatis* est une juridiction qui lui est propre. Quant à la *Novelle XV*, invoquée par M. de Savigny, loin de donner au *defensor* une juridiction simplement subsidiaire, il y a lieu de se demander, on l'a vu, si elle n'a pas plutôt supprimé à son profit la juridiction des duumvirs.

duumvirs et toutes celles qui appartenaient auparavant aux édiles et aux questeurs. Il avait donc une grande importance; et à l'époque où le *defensor civitatis* fut créé, il était incontestablement, comme nous l'avons dit, le premier magistrat de la cité (1). Quels allaient être ses rapports avec le nouveau venu? Quelques lignes suffiront ici pour l'indiquer.

D'abord, nul ne conteste que les défenseurs et les curateurs des cités n'aient coexisté jusqu'à la fin : les textes sont à cet égard trop nombreux et trop précis (2). A Angers, en 804, en plein règne de Charlemagne, on voit encore le *curator* Risclenus souscrire un acte à côté du *defensor* Wifred. — Nul ne nie non plus que défenseur et curateur n'aient reçu à différentes reprises quelques attributions communes. Ainsi, au début du ve siècle, il est enjoint aux uns et aux autres de faire conduire au tribunal du gouverneur les individus coupables d'avoir usé illégalement du *cursus publicus* (3), et les criminels saisis en flagrant délit de vol, de violence, etc... (4). Le curateur devait aussi recevoir et insérer aux *gesta* municipaux les différents actes que lui apportaient les particuliers (5); mais une constitution de 415 lui enleva expressément toute compétence à cet égard (6). Plus tard, dans le royaume Ostrogoth, le *curator* est chargé, concurremment avec le *defensor*, de fixer le prix des marchandises (7); et dans l'empire d'Orient, il devient compétent sous Justinien, toujours en concours avec le *defensor*, pour assurer la prohibition des jeux de hasard (8), apprécier la solvabilité des fidéjusseurs fournis par les contribuables (9), et enfin réprimer les contraventions au

(1) Cfr. Houdoy, *op. cit.*, p. 439-440 et 632; — Klipffel, *loc. cit.*, p. 380-381.

(2) Cfr. les constitutions de 400, 409, 529, 530; les formules de Cassiodore; les novelles 75, 85, 104; les formules d'Angers de 530 et 804 [citées *suprà passim*].

(3) Cod. Theod., VIII, 5, loi 59 (400). — Cfr. *suprà* n° 3.

(4) Cod. Theod., IX, 2, loi 5 (409). — Cfr. *suprà* n° 5.

(5) Cod. Theod., XI, 8, loi 3 (409). — Cfr. *ibid.*

(6) Cod. Theod., VIII, 12, loi 8 (415), § 1 : « Curatores enim civitatum ab hujus modi negotio temperare debebunt, ne tanta res eorum concidat vilitate. »

(7) Cfr. *suprà* n° 15.

(8) Cod. Just., I, 4, loi 25 (529). — Cfr. *suprà* n° 9.

(9) *Ibid.*, loi 26 (530). — Cfr. *suprà* n° 9.

monopole des *fabricenses* (1). — Mais à part ces points spéciaux, on doit reconnaître que les attributions du *curator reipublicæ*, qui étaient relatives surtout à la gestion des finances de la cité et à la surveillance des monuments publics, s'éloignaient sensiblement des attributions du *defensor civitatis*. Leurs rapports devaient donc être assez rares, et par suite aussi les causes de conflit. Il est plus que probable que des empiètements ne se produisirent ni d'un côté ni de l'autre. C'est encore un point sur lequel les auteurs sont d'accord.

La seule question qui les divise est celle de savoir lequel de ces deux magistrats avait la prépondérance dans la cité. Pour M. Fustel de Coulanges, le *defensor civitatis* est le « chef suprême de la cité » (2). Pour M. Houdoy, ce titre appartient au *curator reipublicæ*, « qui réunit dans ses mains la direction de toute l'administration », « qui exerce la plus élevée des magistratures municipales », « la magistrature suprême » (3). A notre avis, et sauf quelques réserves que nous allons formuler, cette dernière opinion est plus exacte que la première. Il nous semble évident en effet, d'après ce que nous savons de l'histoire du *defensor civitatis*, qu'il n'a pas pu enlever tout d'abord au *curator reipublicæ* « ce premier rang dans la hiérarchie municipale » (4), qu'il occupait au IVe siècle. Ses attributions, il est vrai, se sont augmentées sensiblement dans la première moitié du Ve siècle; et peut-être à cette époque a-t-il pu contrebalancer dans une certaine mesure le *curator reipublicæ* : cela expliquerait (pour ceux qui croient à la valeur de cet argument) comment il se fait que deux constitutions impériales de l'an 409 mentionnent le *defensor* avant le *curator* (5). Mais la décadence constatée par Majorien en 458 (6) a forcément rejeté le *defensor* au second rang. En Italie, à

(1) Novelle LXXXV, ch. 3, § 1. — Cfr. *suprà* no 13.

(2) Fustel de Coulanges, *ibid.*, p. 595. — Cfr. Diehl, *op. cit.*, p. 101 : « Au-dessus du curateur, se trouvait le *defensor civitatis*. » M. Diehl invoque à l'appui de son dire deux constitutions de l'an 409, dont nous allons faire usage nous-même, mais en leur donnant une portée plus restreinte.

(3) Houdoy, *ibid.*, p. 634, 635, 636.

(4) *Ibid.*, p. 637.

(5) Cod. Theod., IX, 2, loi 5 (409); — XI, 8, loi 3 (409). — Cfr. *suprà* no 6.

(6) Cfr. *suprà* no 7.

l'époque où Cassiodore recueillait ses formules (1), le *curator* gardait toujours la première place, qu'il a dû perdre au contraire en Espagne, sous les rois Wisigoths (2). Dans la Gaule franke, où le *defensor* est devenu un simple directeur d'enregistrement, il est impossible de le comparer au *curator;* car là où il n'a pas disparu devant le comte ou le vicomte frank, ce dernier a conservé des attributions évidemment plus importantes. Il en était de même dans l'empire d'Orient, où, vers 530, la *defensio civitatis* était tombée partout aux mains d'hommes obscurs; les constitutions impériales mentionnent alors, sous le nom de *pater civitatis*, le *curator* avant le *defensor* (3). En revanche, à partir de la *Novelle XV*, le *defensor civitatis*, élevé à la dignité de lieutenant du gouverneur, et investi d'une double juridiction civile et criminelle, nous paraît décidément prendre le dessus sur le *curator reipublicæ;* et sous le bénéfice de cette observation, nous admettons comme exacte la conclusion de M. Diehl, à savoir qu'en Orient et dans l'Italie byzantine, le *defensor* a désormais dans la cité une situation considérable, qui le place au premier rang dans la hiérarchie municipale (4). Mais il faut bien le répéter ici : dans la *Novelle XV*, nous ne sommes plus en présence d'un véritable *defensor civitatis* (5).

(1) Cfr. *suprà* nº 15.

(2) On sait que sous les Wisigoths, les attributions du *defensor* se sont accrues; cfr. *suprà* nº 16.

(3) Cod. Just., I, 4, loi 25 (529); — loi 26, § 6 (530).

(4) Diehl, *ibid.*, p. 102 : « Le *defensor* tenait donc dans la ville une situation considérable; dans la hiérarchie des magistrats municipaux, la loi lui donnait le premier rang, au-dessus du curateur et des duumvirs. » Mais pourquoi M. Diehl cite-t-il ici, au lieu de la *Novelle XV*, le Code Théodosien et l'*Édit* de Théodoric?

(5) Pour être complet, nous aurions encore à étudier les rapports du *defensor* avec les *curiales* et les *principales;* mais on nous permettra, pour abréger, de renvoyer simplement aux textes déjà cités qui peuvent servir de base à cette étude : — *Code Théodosien*, I, 29, loi 1 (364), loi 3 (365), et loi 7 (392); — XVI, 10, loi 12 (392), et loi 13 (395); — XIII, 11, loi 10 (399); — XII, 19, loi 3 (400); — VIII, 5, loi 59 (400); — XVI, 6, loi 4 (405); — XVI, 5, loi 40 (407), et loi 45 (408); — IX, 2, loi 5 (409); — XI, 8, loi 3 (409); — *Code Justinien*, I, 55, loi 8 (409); — I, 4, loi 19 (505); — et les *Formules frankes*, où il est question à la fois du *defensor* et de la *curie*, *suprà cit.* nºs 18 et suiv.

§ III. *Rapports du* defensor civitatis *avec l'évêque.*

26. *Premier système : absorption du* defensor *par l'évêque; exposé du système.* — Outre les magistrats municipaux, il existait dans presque toutes les *civitates* de l'empire romain, au moins à l'époque que nous étudions, des *évêques*. Les défenseurs créés par Valentinien ont donc eu partout ou presque partout des rapports avec eux; et c'est par conséquent une question à la fois importante et intéressante que celle de savoir quels ont été au juste ces rapports. Cependant, malgré son importance et son intérêt, cette question a été fort peu étudiée; car à notre avis, la solution qui est enseignée aujourd'hui par la grande majorité des auteurs, qui est devenue presque traditionnelle, et qu'il peut paraître téméraire de heurter de front, est une solution qui manque de base, et qui manque aussi de vraisemblance. — Cette solution peut se résumer ainsi : « Les évêques ont été presque partout élus *défenseurs des cités;* et, de cette façon, réunissant en leur personne le double caractère d'évêque et de magistrat, ont fini par se placer à la tête du régime municipal, et par rendre complètement inutile l'institution du *defensor civitatis.* »

Déjà en 1823, M. Guizot, après avoir fait observer que l'évêque et tous les clercs figuraient parmi les électeurs du *defensor*, ajoutait ceci : « Comme le clergé possédait seul alors quelque énergie et quelque crédit, ce fut dans ses mains que tomba *presque partout* cette institution nouvelle, et par conséquent tout ce qui subsistait encore du régime municipal... Le résultat le plus important de l'institution des défenseurs fut donc de placer les évêques à la tête du régime municipal qui, d'ailleurs, s'était dissous de lui-même par la ruine des citoyens et la nullité des institutions (1). »

La théorie qui est exposée ici d'une façon discrète, ne tarda pas à être développée par différents savants (2), et notamment

(1) Guizot, *Essais sur l'hist. de France,* 14e éd., Paris, Didier, 1878, in-12, p. 36. [La 1re éd. a paru en 1823.] — Cfr. *ibid.*, p. 44.

(2) Par exemple, dès 1828, par C. Leber, *Hist. crit. du pouvoir municipal,* Paris, Audot, in-8°, p. 65 et suiv.; — et en 1840, par M. Bernhard, *Essai sur l'hist. municipale de Strasbourg*, dans la *Bibl. de l'École des chartes*, série I,

par M. Laferrière, qui s'exprime ainsi dans son *Histoire du droit français* : « L'institution généreuse du défenseur de la cité était forte par elle-même (1) et par ses relations avec les corporations ; elle devint plus forte encore par son alliance avec l'épiscopat gallo-romain... Le peuple qui avait élu les évêques comme ses premiers pasteurs, *devait être porté* à les élire comme défenseurs de la cité. Leur situation légale et privilégiée, en dehors de la curie, les désignait indirectement à la magistrature nouvelle que la loi ne permettait pas de déférer aux membres de la curie elle-même. Ils étaient les candidats *naturels* pour cette magistrature de protection, et à peu près les seuls que la loi de Valentinien pouvait laisser aux cités, puisqu'elle excluait de l'éligibilité les décurions et les principaux... Les évêques furent donc le plus souvent appelés, par le suffrage populaire, aux fonctions de défenseurs » (2). Les défenseurs des cités, « presque identifiés ainsi avec les évêques gallo-romains, sauvèrent les curies de leur ruine, vers la fin du IVe siècle » (3). Mais, après l'établissement des Franks dans la Gaule, « les évêques qui n'étaient plus pressés par les mêmes nécessités, et qui d'abord jouissaient, en leur qualité pontificale, d'une grande influence, cessèrent de joindre le titre de magistrat ou défenseur des cités à leur titre de prélature... Ce titre de défenseur de la cité ou du peuple, en *se séparant* de la dignité épiscopale, ne cessa pas d'exister entièrement ; mais il perdit sa puissance effective » (4).

Cette fois, la théorie était complète ; et du livre de M. Laferrière, dont l'influence, il y a trente ans, a été considérable, elle a passé sans vérification, souvent sans modification, dans la plupart des ouvrages postérieurs. Quelques-uns même suppriment la restriction admise par M. Laferrière,

t. I, p. 438 : « Avec le christianisme, la municipalité romaine prend une nouvelle forme : la plupart des cités qui avaient eu une curie reçurent un évêque. Élu par l'universalité des citoyens, entouré de leur confiance, le pasteur spirituel succéda aux prérogatives et aux fonctions de l'ancien défenseur ; il devint ainsi le premier magistrat de la cité, etc... »

(1) Ses décadences répétées ne le prouvent guère !

(2) Laferrière, *Hist. du droit français*, in-8°, Paris, Joubert, t. II (1846), p. 306 et 307.

(3) *Ibid.*, t. III (1852-1853), p. 294-295.

(4) *Ibid.*, p. 295 et 296.

qui applique surtout son système, on doit le remarquer, à la Gaule romaine. Quelques autres, s'appuyant sur cette théorie comme sur un fait incontesté, vont jusqu'à en tirer des conséquences importantes pour d'autres questions. Il serait assurément trop long de reproduire ici toutes les adhésions plus ou moins réfléchies données au système de M. Laferrière; il n'est pas inutile cependant de montrer par quelques citations, jusqu'à quel point la théorie de l'absorption du défenseur par l'évêque s'est répandue dans les livres.

Voici d'abord quelle est la conclusion de M. Houdoy, dans l'ouvrage important qu'il a consacré au *Droit municipal romain :* « En 458, Majorien s'efforce de relever l'institution des défenseurs, comme, la même année, il tente de relever la curie. Ses efforts furent plus heureux en ce qui concerne les *défenseurs* qu'ils ne le furent pour la curie; car cette fonction protectrice tomba dans des mains qui la sauvèrent. Le peuple tout entier fut invité à choisir comme défenseur une personne digne d'une pareille fonction; le peuple donna ses suffrages à l'évêque, qui remplissait en vertu de son religieux ministère une mission analogue..... En entrant dans la curie comme défenseur de la cité, l'évêque était appelé à en devenir le chef;..... et si la curie survécut quelque temps, c'est qu'elle fut soutenue par cette institution plus jeune et plus vivace d'un évêque magistrat, élu deux fois par un peuple qui reprit possession de lui-même, en recommençant une vie nouvelle » (1).

M. Beauchet, en étudiant la juridiction exercée par les évêques sous les empereurs romains, s'est fait l'écho pur et simple de M. Laferrière, dont il se borne à étendre le système à tout l'empire : « À la juridiction volontaire, dont je viens d'examiner le développement, les évêques en ajoutèrent bientôt une autre forcée, celle qu'ils avaient en qualité de défenseurs de la cité. Ce rôle de défenseur de la cité, une fois créé, ne tarda pas en effet à être rempli *généralement* par les évêques..... Les évêques, à cette époque, étaient encore nommés à l'élection par le peuple tout entier, et celui qui avait déjà élu l'évêque comme premier pasteur, *devait être porté* à

(1) Houdoy, *op. cit.*, p. 649-650.

le choisir comme son défenseur, grâce surtout à la situation privilégiée de l'évêque en dehors de la curie » (1).

Enfin, tout récemment, M. Glasson s'est fait, d'une façon plus affirmative encore, le champion de la même théorie. « Les évêques, dit-il, exerçaient une autre et dernière juridiction, purement temporelle, celle qui leur appartenait en qualité de défenseurs des cités..... Les évêques remplissaient en effet *très souvent* les fonctions de défenseurs, et ces fonctions, qui leur étaient données par l'élection du peuple, leur permettaient de prendre les mesures de police les plus salutaires et les plus efficaces. Il est tout *naturel* que les évêques aient été choisis *dès les premiers temps* par le peuple pour remplir ces fonctions de défenseurs. C'était déjà le peuple qui les élisait à la dignité épiscopale; par la *force des choses*, il les désignait aussi comme défenseurs des cités » (2). — M. Glasson admet, comme M. Laferrière, que les évêques perdirent dans la Gaule franke le titre de *defensor* : « Ils continuèrent sans doute à exercer une influence immense..... Mais la charge de défenseur avait été, probablement à dessein, *soigneusement séparée* de leurs fonctions sacerdotales » (3). Nous arrêtons là nos citations, qu'il est inutile de prolonger (4).

27. *Suite; examen critique du précédent système; rejet.* — En voilà assez en effet pour prouver avec quelle facilité est accepté aujourd'hui le système de M. Laferrière. Eh bien! le croirait-on? Ce système qui compte tant de partisans, qui se présente avec tant d'assurance, ne s'appuie sur aucun

(1) Lud. Beauchet, *Orig. de la jurid. ecclésiast.*, § 27, dans la *Nouvelle Revue histor. de droit français et étranger*, année 1883, p. 423-424.

(2) Glasson, *op. cit.*, t. I, p. 569-570. — Un peu plus loin, M. Glasson dit encore (p. 577, note 2) : « Les évêques étaient tout *naturellement* désignés pour ces fonctions de défenseurs des cités. La loi en excluait les décurions et les principaux. Il était dès lors *naturel* que le choix du peuple tombât sur l'évêque. Celui qu'il avait déjà pris comme pasteur avait bien évidemment sa confiance. »

(3) *Ibid.*, t. II, p. 388-389. — L'unique motif allégué, c'est que les formules ne donnent pas à l'évêque la qualité de défenseur des cités. — Mais aucun autre texte non plus !

(4) Cfr. encore Dareste de la Chavanne, *Hist. de France*, 2e éd., in-8°, Paris, Plon, 1874, t. I, p. 144 : « L'évêque exerçait dans la cité un patro-

texte. Ni Guizot, ni M. Laferrière, ni MM. Houdoy, Beauchet et Glasson, ne citent le moindre document, qui fasse la moindre allusion à ce fait si important de la réunion dans les mêmes mains de la dignité épiscopale et de la *defensio civitatis*. Et les auteurs que nous venons de nommer ont une raison excellente pour garder sur ce point un silence complet; c'est que ces textes, qu'on est en droit de leur réclamer, n'existent pas! M. Fustel de Coulanges, dont nous sommes heureux de pouvoir invoquer ici l'autorité, l'avait déjà remarqué (1). Ni les constitutions impériales assez nombreuses qui parlent du *defensor*, ni celles encore plus nombreuses qui confèrent à l'évêque des pouvoirs temporels, ne laissent supposer cette prétendue absorption de l'un par l'autre. Il en est de même de tous les autres documents relatifs au sujet.

Plusieurs d'entre eux en revanche manifestent clairement qu'à certaines époques et en certains lieux, qu'il faut par suite écarter de toute discussion, la *defensio civitatis* n'était pas conférée aux évêques. — C'est ainsi qu'on est forcé d'éliminer d'abord la première période de l'histoire des défenseurs, celle pendant laquelle ils ont été nommés par les préfets du prétoire (364 à 387). Les préfets du prétoire devaient les choisir, d'après les constitutions impériales (2), dans certaines catégories de fonctionnaires, parmi lesquels ne figurent pas les évêques. Surtout sous le règne de Valens, arien fougueux, comme l'on sait, il y a impossibilité morale à ce que les préfets du prétoire aient nommé des évêques comme défenseurs des cités. — Il faut éliminer en second lieu les vingt ou vingt-

nage et des pouvoirs quelque peu analogues à ceux des défenseurs. Il était *naturel* que le vote public disposât en sa faveur de la nouvelle magistrature, et le fait arriva *souvent*. Nul autre n'était plus capable, soit en raison de son caractère, soit en raison des attributions que la loi lui reconnaissait, de protéger le peuple d'une manière efficace, ou d'être écouté par le prince. La réunion des deux magistratures spirituelle et temporelle devint si ordinaire, que dans les derniers temps de l'Empire, la loi finit par supprimer le titre de défenseur comme inutile. L'institution de Valentinien Ier n'avait eu qu'un résultat, celui de conférer aux évêques le patronage administratif des cités. » — Etc..., etc.

(1) Fustel de Coulanges, *loc. cit.*, p. 595 : « On a dit que l'évêque était devenu partout le *defensor;* cela ne se voit dans aucun document. »

(2) Constit. de 364, 365, 368, analysées *suprà* n° 2.

cinq années antérieures au règne de Majorien. A cette époque, nous le savons (1), les fonctions des défenseurs étaient désertées, quand elles n'étaient pas envahies, en dépit des lois, par des Juifs ou des Samaritains. Si à cette date, la *defensio civitatis* avait été aux mains des évêques, voilà certes un double fait qui ne se serait pas produit. — Il faut éliminer encore l'empire d'Orient à l'époque de Justinien. A l'avènement de ce prince, en effet, un document formel nous apprend que, loin d'être confiées aux évêques, les fonctions de *defensor* étaient données partout à des « hommes obscurs ». En 535, l'institution est réorganisée, mais le *defensor civitatis*, choisi parmi les *nobiliores*, nommé pour deux ans seulement d'après un tableau dressé d'avance, et *non rééligible*, ne pourra être que fort rarement l'évêque de la cité. — Il faut éliminer aussi les royaumes ostrogoth et burgunde, gouvernés par des princes, qui, comme Valens, professaient l'arianisme. Il est extrêmement peu probable que ces ariens aient laissé librement élire des évêques comme défenseurs des cités. — La même observation s'applique aux rois Wisigoths, jusqu'à Reccarède Ier (587). On sait, en outre, par le *Bréviaire d'Alaric*, que les premiers rois Wisigoths ont augmenté les pouvoirs du *defensor* (2); c'est une nouvelle preuve que la fonction n'était pas aux mains des évêques. — Il faut enfin éliminer la Gaule franke; car en Gaule, la fonction de *defensor*, réduite au service des *gesta*, était devenue trop insignifiante pour être restée enviable, et pour tenter l'ambition des évêques. D'ailleurs MM. Laferrière et Glasson reconnaissent eux-mêmes que dans la Gaule franke les deux dignités d'évêque et de défenseur ont toujours été « séparées ». — Après ces diverses éliminations, quels sont donc les temps et les lieux où l'application de la théorie de M. Laferrière reste au moins *possible?* Ce sont : l'Empire entier de l'an 387 à l'an 430 environ ; l'Empire d'Orient de l'an 458 à l'an 520 au plus ; enfin le royaume wisigoth à partir de Reccarède.

Mais, même entendue avec ces restrictions nécessaires, la théorie de M. Laferrière ne nous semble pas vraisemblable.

(1) Cfr. *suprà* n° 7.
(2) Cfr. *suprà* n° 16.

En effet sans revenir sur le silence absolu des textes, qui fournit déjà contre elle un argument négatif très fort, on peut se demander sur quoi se fonde en somme cette théorie. Or, elle se fonde *uniquement* sur cette considération, qu'on a pu relever dans tous les extraits précités, à savoir que les évêques étaient les candidats *naturels* aux fonctions de défenseurs ; et cela pour trois motifs : — d'abord, parce qu'ils étaient à peu près les *seuls* qui fussent en dehors de la curie ; — puis parce que le peuple qui les avait élus une première fois *devait être porté* à les élire une seconde ; — enfin, parce que, à raison de leur caractère et de leur mission, ils étaient mieux préparés que tout autre à exercer les devoirs de protection qui incombaient au *defensor civitatis.*

Ces trois motifs sont certainement spécieux ; mais ils ne sont que spécieux. — Il n'est pas exact en effet de dire que les évêques étaient seuls ou presque seuls en dehors de la curie. Valentinien et Valens, dans les deux constitutions de 364 et 365 que nous avons analysées (*suprà* n° 2), indiquent plusieurs catégories de personnages qu'ils recommandent au choix du préfet du prétoire, et qui ne figurent pas dans la curie. On pourrait aussi trouver en dehors d'elle des *plebeii* ou des *possessores* riches et influents, qu'aucune loi n'empêchait d'élire. — En second lieu, le peuple pouvait fort bien ne pas conférer à un même homme une dignité religieuse nécessairement perpétuelle, et une dignité civile limitée à cinq ans. Ce court délai eût nécessité d'ailleurs des réélections répétées, qui peut-être n'étaient pas possibles (1). Entre les deux dignités d'évêque et de *defensor*, il y avait donc, sinon une « véritable incompatibilité » (2), au moins défaut d'harmonie. — Enfin, s'il est vrai que les évêques avaient une mission analogue à celle des défenseurs, on n'a pas assez remarqué que cette mission, ils l'exerçaient en leur nom propre (3),

(1) La *Novelle XV* interdit *expressément* ces réélections ; et il y a lieu de croire que ce n'était pas de sa part une innovation.

(2) Fustel de Coulanges, *op. cit.*, p. 595 : « On se serait gardé de faire cette conjecture, si l'on avait songé qu'il y avait incompatibilité entre la dignité d'évêque qui était viagère, et celle de *defensor* qui était *annuelle* (?). »

(3) M. Laferrière a fait la remarque, mais n'en a pas tiré parti : « Les évêques interviennent ordinairement par l'exercice même de la magistrature

soit en vertu de leur caractère épiscopal, soit en vertu des pouvoirs qu'à différentes reprises les constitutions impériales leur ont accordés (1). Sans vouloir insister outre mesure sur ce point, comment ne pas rappeler tout au moins que divers édits ont conféré à l'évêque et au *defensor civitatis* des attributions communes. La juridiction civile volontaire dès le IVe siècle, la protection des femmes contre les *lenones* dès 428, et plus tard, la répression des jeux de hasard, l'appréciation de la solvabilité des fidéjusseurs fournis par les contribuables, la réception des redevances emphytéotiques refusées par les bailleurs, la nomination des tuteurs : voilà autant d'attributions que l'évêque exerçait, les unes concurremment, les autres conjointement avec les défenseurs (2). La plupart, il est vrai (mais non pas toutes), datent des premières années du règne de Justinien, et prouvent surtout pour cette époque que nous avons écartée de la discussion. Mais, pour les temps antérieurs, on peut encore faire observer que l'évêque puisait, dans son caractère même, un droit d'intervention, que les empereurs catholiques reconnaissaient volontiers, et auquel la qualité, beaucoup plus modeste, de *defensor civitatis* n'aurait presque rien ajouté (3). Les habitants des cités n'avaient donc pas d'intérêt véritable à prendre l'évêque comme *defensor;* au contraire, mieux valait pour eux nommer un autre personnage : c'était s'assurer deux protecteurs au lieu d'un.

Maintenant, il est bien entendu que nous ne prétendons nullement que l'évêque n'eût pas été le candidat le plus digne à la fonction de défenseur. Sur ce point, nous sommes com-

nouvelle (*defensor*). Toutefois, ce mode n'est pas exclusif; ils agissent dans la cité en leur *propre nom,* et en vertu de leur caractère pastoral, lorsque les événements ou l'approche des Barbares réclament leur assistance. Une loi de Justinien, de l'an 530 (loi 26, pr., *Code*, I, 4), qui les admet à concourir en leur propre qualité à presque toutes les fonctions de l'autorité municipale, est plutôt la sanction d'un usage qui s'était généralement établi, que la création d'une prérogative nouvelle dans l'empire d'Orient » (*op. cit.*, p. 309).

(1) Cfr. Cod. Just., I, 4, loi 1 (368); loi 22, § 1 (529); loi 26 (530), etc...

(2) Cfr. Cod. Just., I, 4, loi 7 (398); — loi 12 (428); — loi 25 (529); — loi 26, § 6 (530); — loi 32 (s. d.); — loi 30 (531). — *Adde* loi 18, s. d.

(3) Cfr. Abel Desjardins, v° *Defensor, in fine,* dans le *Dict. de Daremberg et Saglio.*

plètement d'accord avec les partisans du système que nous combattons. Nous sommes même convaincu que si la fonction de défenseur de la cité était tombée, comme on le dit, aux mains des évêques, elle eût conservé plus d'importance, et fourni une carrière plus brillante. Mais en ce moment, nous ne recherchons pas ce que les électeurs des cités auraient dû faire; nous recherchons seulement ce qu'ils ont fait. Or, tout en concédant, pour ne rien exagérer, que çà et là quelques évêques aient pu être nommés défenseurs (1), nous soutenons qu'en tous cas, loin d'avoir été un fait général, ce fait, s'il s'est produit, est toujours resté un fait exceptionnel (2).

28. *Second système : subordination du* defensor *à l'évêque; conclusion.* — A côté du système de l'absorption du *defensor* par l'évêque, il en est un autre, beaucoup moins hardi et beaucoup moins répandu aussi, qu'on pourrait nommer le système « de la subordination du *defensor* à l'évêque ». D'après Augustin Thierry et M. de Broglie, qui ont adopté cette théorie, que le premier applique à la Gaule franke et le second à l'empire romain, le *defensor civitatis* serait simplement devenu le lieutenant de l'évêque. — Voyons d'abord ce que dit M. de Broglie. Après avoir rappelé que les successeurs de Valentinien avaient fait figurer parmi les électeurs du défenseur l'évêque et son clergé, il ajoute : « Cela sauva l'institution nouvelle d'une décadence prématurée. *Peu à peu*, les propriétaires étant devenus oublieux de leurs droits et incapables de les exercer, ce fut l'évêque presque seul, qui désigna le défenseur, et qui abrita ainsi à l'ombre de l'Église les derniers restes de la vie municipale des grandes cités : le défenseur

(1) M. Giraud (*Essai sur l'hist. du droit français*, Paris, Videcoq, 1846, in-8°, p. 326, en note) indique, sans autre référence, que saint Eloi et saint Rigobert de Reims sont nommés *defensores civitatis* par leurs biographes. Nous avons vainement cherché ce terme dans les *Vies* publiées par Surius et les Bollandistes.

(2) Les lignes qui précèdent étaient à l'impression, lorsqu'a paru le dernier ouvrage de M. l'abbé Duchesne, *Orig. du culte chrétien* (Paris, Thorin, in-8°, 1889), où nous relevons ce passage : « C'est à tort que l'on a cru discerner, dans les documents du IVe et du Ve siècle, une participation de l'évêque au gouvernement de la cité. Le clergé confondu avec la curie, l'évêque, sous le titre de *defensor civitatis*, prenant place parmi les magistrats municipaux, ce sont des choses non seulement indémontrables, mais absolu-

ne fut plus que le lieutenant de l'évêque (1). » — Augustin Thierry dit à son tour : « Par suite de la haute influence que dès l'époque romaine les dignitaires de l'Église possédaient sur les affaires intérieures des villes, le défenseur, magistrat suprême, était tombé sous la dépendance de l'évêque ; il était devenu à son égard un subalterne, ou avait disparu devant lui ; révolution opérée sans aucun trouble, par la seule popularité de l'épiscopat, et dont la pente naturelle tendait à constituer, au détriment de la liberté civile et politique, une sorte d'autocratie municipale » (2). C'est fort net, comme on le voit.

Et maintenant, où sont les preuves de ces assertions dont l'importance historique ne peut échapper à personne? M. de Broglie néglige absolument d'en donner. Quant à Augustin Thierry, il se borne à alléguer en note le cas particulier de ce *defensor* d'Angers, Wifred, qui dans un acte de 804, dont nous avons parlé, prend les deux titres de *defensor* et de *vice-dominus*. Augustin Thierry, sans le dire d'une façon explicite, prend évidemment *vice-dominus* dans le sens de délégué ou avoué de l'évêque ; mais il est plus probable qu'il s'agit ici du vicomte (3). L'argument d'Augustin Thierry, déjà bien léger par lui-même, n'aurait donc même pas de fondement réel. — A défaut de textes probants, apporte-t-on au moins quelque considération décisive? En aucune façon. Comme la théorie précédente, la théorie de la subordination du *defensor* à l'évêque n'est qu'une simple hypothèse. Cette hypothèse est certainement fausse pour l'empire de Justinien, où les défenseurs étaient devenus d'abord les instruments dociles des gouverneurs, et, après 535, leurs lieutenants (4). Elle n'est

ment incompatibles avec le droit ecclésiastique du temps dont il s'agit (p. 12). » C'est pour nous une bonne fortune de nous rencontrer si exactement sur un point d'histoire ecclésiastique avec le savant professeur de l'Institut catholique de Paris.

(1) Albert de Broglie, *L'Église et l'empire romain au IVe siècle*, 4e éd., Paris, 1882, in-8o, t. V, p. 53.

(2) Augustin Thierry, *Essai sur l'hist. du Tiers-État*, Paris, Garnier, in-12, éd. de 1875, p. 27.

(3) Cfr. *suprà* no 18, texte et note.

(4) Cfr. *suprà* nos 10 et 13. — Cependant, chose singulière, on trouve précisément sous Justinien un fait qui aurait pu servir d'argument à M. de Broglie, s'il se fût produit au ve siècle, au lieu de se produire seulement en

guère admissible non plus pour la Gaule franke, où les défenseurs avaient perdu toute importance. Elle peut être vraisemblable au contraire pour le royaume wisigoth, à partir de Reccarède Ier, sous le règne duquel le clergé espagnol a commencé à prendre une prépondérance marquée (1). Elle n'a en tous cas aucun fondement dans les textes.

Enfin faut-il dire, avec M. Fustel de Coulanges, que, loin de le sauver d'une décadence prématurée, comme le prétend M. de Broglie, « la grande autorité de l'évêque a plutôt affaibli celle du *defensor* » (2)? A la vérité, nous n'en savons rien; car sur ce point encore, les documents sont muets. Toutefois, cette dernière conjecture emprunte une certaine vraisemblance aux deux faits suivants : d'abord, les évêques ont reçu des empereurs diverses attributions analogues ou même identiques à celles du *defensor;* ensuite, aux époques de décadence de ce dernier, les évêques restaient seuls pour protéger contre les officiers impériaux leurs malheureux concitoyens. — L'évêque apparaît donc, à côté du *defensor civitatis*, comme un second *defensor*, dont les pouvoirs vont grandissant, tandis que ceux du premier vont diminuant. Aussi, là où le *defensor civitatis* aura fini par perdre ses attributions les plus importantes, et par se réduire à un rôle secondaire, le vrai *défenseur de la cité*, ce sera l'évêque.

535 : nous voulons parler de cette surveillance que les archevêques et les patriarches doivent exercer sur les *defensores civitatum*, pour s'assurer qu'ils ne reçoivent pas de présents contrairement aux prescriptions de la *Novelle VIII* (*cit. suprà* n° 11).

(1) Cfr. Guizot, *Hist. des orig. du gouvern. représentatif*, 4e éd., Paris, Didier, 1880, in-12, t. I, p. 343, 359 et suiv.

(2) Fustel de Coulanges, *ibid.* : « Que la grande autorité de l'évêque ait affaibli celle du *defensor*, voilà ce qui est vrai »; — Diehl, *op. cit.*, p. 110 : « Au *defensor*, comme au *curator*, l'autorité épiscopale disputait ses prérogatives essentielles... [L'évêque] participait à l'élection du *defensor*, contrôlait son administration, et son autorité croissante affaiblissait d'autant celle du magistrat municipal. »

TABLE.

CHAPITRE III.

Le defensor civitatis en Occident après la chute de l'Empire.

CHAPITRE IV.

Rapports du defensor civitatis avec les autorités locales.

BAR-LE-DUC, IMPRIMERIE CONTANT-LAGUERRE.

DU MÊME AUTEUR.

Notice historique sur Châteaumeillant (Cher), Bourges, Pigelet, in-8°, 1878 (extrait des *Mémoires des Antiquaires du Centre*, VIIe vol.).

Notes archéologiques sur Châteaumeillant et ses environs, Bourges, Pigelet, in-8°, 1878 à 1887 (extrait des mêmes *Mémoires*, vol. VIII, IX, X, XI et XV).

Étude sur les controverses entre les Proculéiens et les Sabiniens, Paris, Larose et Forcel, 1881, in-8°. — Mémoire couronné par l'Académie de Législation de Toulouse (prix de l'Académie).

Le Tribunal des Centumvirs, Paris, Larose et Forcel, 1881, in-8°. — Thèse cour. par la Faculté de droit de Paris (médaille d'or).

Les Démembrements de la propriété foncière en France avant et après la Révolution, Paris, Larose et Forcel, 1881, in-8°. — Thèse cour. par la Faculté de droit de Paris (médaille d'or).

Origines, conditions et effets de la Cassation, Paris, Larose et Forcel, 1882, in-8°. — Ouvrage cour. par la Faculté de droit de Paris (1re médaille d'or), et par l'Académie de Législation de Toulouse (prix du Ministre de l'Instruction publique).

Les Bretons en Bas-Berry, Rennes, Catel, 1884, broch. in-8° (extrait des *Mém. de la Soc. archéol. d'Ille-et-Vilaine*).

Un Monastère breton à Châteauroux (Saint-Gildas-en-Berry), Rennes, Catel, 1885, broch. in-8° (extrait des *Mém. de la Soc. archéol. d'Ille-et-Vilaine*).

Étude sur l'histoire des alleux en France, *avec une carte des pays allodiaux*, Paris, Larose et Forcel, 1888, in-8°.

Histoire de Sainte-Sévère-en-Berry, *avec cartes, plans et gravures*, Paris, Larose et Forcel, 1889, fort vol. in-8°.

BAR-LE-DUC, IMPRIMERIE CONTANT-LAGUERRE.

www.ingramcontent.com/pod-product-compliance
Ingram Content Group UK Ltd.
Pitfield, Milton Keynes, MK11 3LW, UK
UKHW012049240726
13965UKWH00003B/1167

9 782012 980334